LA GUERRA AÉREA EN CUBA EN 1958

Memorias del Teniente Carlos Lazo Cuba

El juicio por genocidio a los aviadores militares

COLECCIÓN CUBA Y SUS JUECES

EDICIONES UNIVERSAL, Miami, Florida, 2017

Antonio Rafael de la Cova

LA GUERRA AÉREA EN CUBA EN 1958

Memorias del Teniente Carlos Lazo Cuba

El juicio por genocidio a los aviadores militares

Copyright © 2017 by Antonio Rafael de la Cova

Primera edición, 2017

EDICIONES UNIVERSAL
P.O. Box 450353 (Shenandoah Station)
Miami, FL 33245-0353. USA
(Desde 1965)

e-mail: ediciones@ediciones.com
http://www.ediciones.com

Library of Congress Catalog Card No.: 2016958421
ISBN-10: 1-59388-280-7
ISBN-13: 978-1-59388-280-8

Composición de textos: María Cristina Zarraluqui

Diseño de la cubierta: Luis García Fresquet

Todos los derechos
son reservados. Ninguna parte de
este libro puede ser reproducida o transmitida
en ninguna forma o por ningún medio electrónico o mecánico,
incluyendo fotocopiadoras, grabadoras o sistemas computarizados,
sin el permiso por escrito del autor, excepto en el caso de
breves citas incorporadas en artículos críticos o en
revistas. Para obtener información diríjase a
Ediciones Universal.

Carlos Lazo Cuba

*Dedicado a todas las víctimas
de la dinastía castrista*

ÍNDICE

INTRODUCCIÓN i

I – «Llegaron a donde hay más Mau-Mau que militares» 1

II – Buscando al hombre del bandolión 29

III – «Yo era el número catorce en la lista que llamaron para fusilar» 71

IV – El juicio por genocidio ficticio 97

V – «Primero la sentencia. El veredicto después» 123

VI – 20 Años de Presidio Político 141

FOTOS 149

ÍNDICE ONOMÁSTICO 163

INTRODUCCIÓN

Carlos Lazo Cuba fue testigo de una de las épocas más turbulentas de la historia de Cuba: el desmoronamiento del gobierno de Fulgencio Batista y la toma del poder por Fidel Castro. Lazo era un humilde campesino, con solo un quinto grado escolar, que con esfuerzo propio realizó su anhelo de ser piloto de aviación tras ingresar en el Ejército en abril de 1952. Sus memorias reflejan sencillez y sinceridad carente del protagonismo espectacular y exagerado de los recuentos de otros militares y rebeldes contemporáneos. Tampoco son una apología del régimen de Batista, como las que han escrito algunos ex oficiales. Lazo no entra en la disputa de la «Guerra de las Memorias» entre Batista y el mayor general Francisco J. Tabernilla Dolz,[1] que se culparon el uno al otro por el triunfo del comunismo en Cuba. Otros oficiales que dejaron sus memorias criticando fuertemente a Batista fueron el coronel jefe del Cuerpo de Ingenieros del Ejército Florentino E. Rosell Leyva[2] (1960), el coronel del Ejército Pedro Barrera

---

[1] Francisco José Tabernilla Dolz (enero 28, 1888-abril 22, 1972) natural de La Habana, ingresó en el Ejército como cadete el 14 de junio de 1921. Retirado como general de brigada en 1945 cuando el presidente Ramón Grau purgó al Ejército de batistianos. Su actuación en el golpe de estado del 10 de marzo de 1952 le ganó el ascenso ese día a mayor general. Fue jefe del Estado Mayor del Ejército y en 1957 tomó el mando de Jefe del Estado Mayor Conjunto. En 1959, se estableció con su familia en West Palm Beach, Florida, donde luego falleció. Tabernilla le escribió dos cartas insultantes a Batista, el 31 de diciembre de 1959 y el 24 de agosto de 1960, donde en la última le dice que sus recién publicadas memorias *Respuesta* era un mamotreto «que bien podía haberlo intitulado 'GARBAGE.'» Las misivas se reprodujeron en el libro de José Suárez Núñez, *El Gran Culpable* (1963).

[2] Florentino Evelio Rosell Leyva (febrero 15, 1909-enero 22, 2007) nació en Aguada de Pasajeros, Las Villas, e ingresó en el Ejército el 28 de diciembre de 1933. Era primer teniente y ayudante del Cuerpo de Ingenieros al efectuarse el golpe del 10 de marzo. Ascendió ese día a comandante y al siguiente mes a teniente coronel. Nombrado jefe del Cuerpo de Ingenieros en mayo de 1953 y coronel del

Pérez³ (1961), el coronel de la policía Esteban Ventura Novo (1961), el sedicioso coronel del Ejército Ramón M. Barquín López⁴ (1978) y el general Francisco H. «Silito» Tabernilla Palmero⁵ (2009). Batista tuvo apoyo incondicional en las memorias del jefe del Buró de Investigaciones coronel Orlando Piedra Negueruela (1994) y su cuñado el general Roberto R. Fernández Mi-

---

Servicio Militar de Emergencia el 6 de diciembre de 1957. Recibió asilo político en Miami el 24 de marzo de 1959, donde se hizo millonario con un negocio de construcción. Falleció en dicha ciudad.

³ Pedro Antonio Barrera Pérez (diciembre 27, 1921-diciembre 28, 1974), natural de Artemisa, ingresó en el Ejército como soldado en 1942 y dos años después se graduó de la Escuela de Cadetes con el grado de segundo teniente. En 1947 ascendió a primer teniente y en 1952 era comandante. Tras el golpe de Estado del 10 de marzo, fue nombrado teniente coronel. Barrera fue interventor de la Cooperativa de Ómnibus Aliados en 1953 y tres años después ascendió a coronel, siendo jefe militar en Bayamo, Santiago de Cuba y El Macho. En 1957 fue enviado a Caracas como agregado militar y encargado de negocios. Allí lo sorprendió la caída de Batista. Emigró a Panamá y llegó a Miami el 5 de abril de 1960, procediendo a Nueva York donde trabajó como mozo de limpieza. Barrera se naturalizó ciudadano estadounidense el 23 de agosto de 1965 y falleció de un infarto cardiaco en el Jackson Memorial Hospital de Miami.

⁴ Ramón Barquín López (mayo 12, 1914-marzo 3, 2008) natural de Cienfuegos, se alistó en el Ejército el 15 de noviembre de 1933. Se graduó de oficial en la Escuela de Cadetes en 1940 y estudió en la Escuela Superior de Guerra en México durante 1943-46. Fue Agregado Militar en Washington, D.C. Era teniente coronel en 1952 y fue ascendido a coronel tras el golpe de Estado de Batista. Arrestado el 14 de abril de 1956 por liderar la Conspiración de los Puros y encarcelado en la prisión de Isla de Pinos hasta el 1 de enero de 1959. Nombrado embajador en Europa hasta que desertó en 1960. Fue coordinador militar del Movimiento Revolucionario del Pueblo (MRP) a principios de 1961. Se mudó a Puerto Rico poco después donde estableció una academia militar juvenil en Guaynabo, ciudad donde falleció.

⁵ Francisco H. «Silito» Tabernilla Palmero (agosto 22, 1919-enero 20, 2015), natural de Guanabacoa, se alistó en el Ejército el 7 de septiembre de 1937 y renunció con el grado de primer teniente en 1945 con su hermano Carlos cuando su padre fue forzosamente retirado. Tras el golpe de Estado de Batista, ascendió en abril de 1952 a teniente coronel y a coronel tres meses después. Fue jefe del Regimiento Mixto de Tanques en 1955 y nombrado general de brigada el 5 de diciembre de 1957. Era jefe de la División de Infantería «General Alejandro Rodríguez» el 18 de septiembre de 1958. Salió al exilio hacia West Palm Beach, Florida, el 1 de enero de 1959, donde luego falleció.

randa[6] (1999). El general de brigada Alberto del Río Chaviano[7] me dijo en 1974 que iba a redactar sus memorias pero no lo realizó antes de fallecer cuatro años después.

    El teniente Lazo cumplió con su juramento militar y deber como piloto de enlace luchando contra la guerrilla castrista. Sus dos avionetas de reconocimiento recibieron 51 balazos durante cuatro combates y personalmente fue blanco de francotiradores en Santiago de Cuba y Guantánamo. Hizo numerosos aterrizajes extremadamente peligrosos y sobrevivió un accidente aéreo. Lazo pudo presenciar los desmanes que cometieron tanto los castristas como un oficial del Ejército que mandó a ejecutar a rebeldes capturados. Sus memorias critican los falsos reportes de combate que emitió el Estado Mayor, los errores tácticos de oficiales arrogantes e incompetentes, la cobardía de algunos oficiales que no persiguieron a los rebeldes y la traición de militares que sabotearon aviones o desertaron a las filas del enemigo con toda su tropa y armamento. Otros apóstatas uniformados delataron por radio a la guerrilla los movimientos de tropas que fueron emboscadas y sufrieron cuantiosas bajas.

---

[6] Roberto Ramiro Fernández Miranda (junio 7, 1922-septiembre 26, 2009), natural de La Habana, se alistó en el Ejército el 29 de mayo de 1929. Fue retirado con el grado de capitán en 1944 por el presidente Ramón Grau debido a su amistad con Batista. Tras el golpe de Estado de 1952, ascendió a coronel y jefe del Palacio Presidencial. Al siguiente año fue nombrado coronel y el 5 de diciembre de 1957 llegó al grado de general de brigada. El 30 de enero de 1958 fue asignado jefe del Regimiento de Artillería. Salió al exilio con Batista y se naturalizó ciudadano estadounidense el 27 de enero de 1972 en Miami, donde posteriormente falleció.

[7] Alberto Roberto del Río Chaviano (julio 4, 1915-abril 26, 1978) natural de Sagua la Chica, Las Villas, se alistó en el Ejército el 23 de noviembre de 1933. Era concuño de Francisco Tabernilla Dolz y capitán el 10 de marzo de 1952, cuando fue ascendido a coronel. A los dos meses recibió el mando del Departamento Militar de Oriente. Nombrado general de brigada el 5 de diciembre de 1957. Fue jefe de los Regimientos 6 y 7 de la Guardia Rural y el 18 de septiembre de 1958 obtuvo la jefatura del Tercer Distrito Militar. Cuando Batista ordenó su arresto, huyó a República Dominicana el 27 de diciembre de 1958, donde tuvo una ganadería que luego le expropió Trujillo. En 1963 residió en Dallas, Texas, siendo profesor de español hasta mudarse a Miami poco antes de fallecer de cáncer de la médula.

Lazo se conmovió al ver a soldados y policías asesinados vilmente por la espalda para quitarles su arma y uniforme; una familia en un taxi en el aeropuerto de Palma Soriano que fue masacrada por la guerrilla; niños hambrientos debido al bloqueo rebelde de las ciudades; los secuestros de aviones civiles por los insurrectos incluyendo uno de Cubana de Aviación derribado en la Bahía de Nipe que causó diecisiete muertes; y el fusilamiento masivo de sus compañeros, casi todos sin previo juicio, en una zanja en la loma de San Juan el 12 de enero de 1959. Fiel a su conciencia, el joven teniente rechazó tres ofertas de simpatizantes rebeldes para que desertara a cambio de enviarle su sueldo mensual a su familia. Lazo también revela como los pilotos de combate realizaron vuelos humanitarios para niños con enfermedades crónicas.

El aviador tuvo en sus manos las pruebas de la ideología comunista de sus enemigos al ocuparse los sacos de correspondencia abandonados por la columna de Ernesto «Che» Guevara cuando cruzaban la provincia de Camagüey. Al leer el diario de Guevara no tuvo duda de su contenido marxista. La prensa de oposición, especialmente la revista *Bohemia* y el *New York Times*, obviaron todas las evidencias de la ideología comunista de los jefes guerrilleros. En 1985, hablé en Miami con Agustín Alles Soberón, reportero de *Bohemia*, que fue el primer periodista cubano en subir a la Sierra Maestra y visitar la comandancia de Fidel Castro. Me dijo que allí observó cómo los oficiales rebeldes daban clases de marxismo a su tropa. Cuando le pregunté por qué no lo reportó, me respondió: «¿Estás loco? Me hubieran acusado de batistiano o masferrerista y me hubiera tenido que exiliar.» Alles no me contestó cuando le dije: «Sin embargo, luego tuviste que venir al exilio.»

Otro aspecto relevante de estas memorias es la relación entre Estados Unidos y Cuba que afectó negativamente a las fuerzas armadas después del embargo de armas a Batista por el Congreso norteamericano en marzo de 1958. Esto redujo la capacidad militar para luchar contra la guerrilla castrista y desmoralizó al Ejército. El gobierno se vio obligado a manufacturar bombas aéreas con desastroso resultado para sus pilotos y aviones. La Fuerza Aérea del Ejército (FAE) era muy deficiente para un país en guerra civil y los aviones tenían piezas deterioradas. Batista tuvo que comprar miles de carabinas San Cristóbal al dictador dominicano Rafael Trujillo para suministrar al Ejército. Estas armas eran de calidad inferior y tenían dos gatillos que a veces no funcionaban correctamente.

Lazo también cooperó con la operación estadounidense para localizar a veintinueve militares de la base naval de Guantánamo y diez ingenieros civiles norteamericanos de la empresa minera Freeport Sulphur Company en Moa que fueron secuestrados por la guerrilla de Raúl Castro en el verano de 1958. Un piloto de la Marina de Guerra estadounidense en un Beechcraft T-34 llevó a Lazo en dos ocasiones para que le indicara desde el aire los puntos de referencia donde buscaban a los rehenes. Meses después, Lazo observó dos helicópteros de la base naval de Guantánamo dejando lo que parecían ser cajas de armas a los rebeldes durante una operación nocturna. Otro avión militar estadounidense fue interceptado por la FAE mientras realizaba una misión de inteligencia en una zona prohibida de la Sierra Maestra sin autorización.

El embajador norteamericano en La Habana en esta época, Earl E. T. Smith, testificó ante el Congreso en Washington el 30 de agosto de 1960 que el segundo al mando de la Sección de la Agencia Central de Inteligencia (CIA) en su embajada «había dado aliento injustificado y excesivo a los revolucionarios.» James A. Noel,[8] el jefe de la Estación de la CIA en La Habana, reportó que había infiltrado sus agentes en la guerrilla en la Sierra Maestra y que los hermanos Castro y Ernesto «Che» Guevara «no tenían ninguna afiliación con ningún comunista.» El embajador testimonió que entre los 5,000 cubanos que trabajaban en la base naval de Guantánamo, hubo quienes robaron armas y municiones para entregarlas a los rebeldes. Smith culpó al departamento de Estado, la prensa, otras agencias del gobierno norteamericano y miembros del Congreso, de ser los responsables de llevar a Fidel Castro al poder.

---

[8] James A. Noel estuvo asignado a la Embajada norteamericana en La Habana durante agosto de 1958 a 1961. Reemplazó a William B. Caldwell, quien previamente tuvo el puesto desde 1954. El 17 de septiembre de 1961, Noel fue enviado a la Embajada de su país en Madrid.

El relato de Lazo confirma los problemas que propiciaron la derrota del Ejército. Los soldados a veces carecían de armamento adecuado o de transporte cuando perseguían a los rebeldes. Las tropas en campaña tenían que pedir a los comercios que les prestaran sus camiones y a veces obtenerlos bajo amenaza. En contraste, la guerrilla era suplida frecuentemente con toneladas de armas modernas a través de vuelos clandestinos desde Estados Unidos, Centroamérica y Venezuela y también recibían suministros y cobertura de los empleados cubanos en la base naval norteamericana en Guantánamo. La lucha contra los guerrilleros durante dos años la dirigieron oficiales tácticos hasta el grado de teniente coronel. Ningún general o coronel estuvo al frente de las tropas en campaña en las sierras. Algunos oficiales oportunistas que conspiraron contra Batista o se pasaron a los rebeldes luego rehusaron ayudar a sus antiguos compañeros uniformados. En contraste, otros dieron falso testimonio a favor de los pilotos en el juicio donde el fiscal les pedía la pena de muerte.

El régimen de Batista se puede dividir en dos etapas históricas: La dictablanda (1952-1956) y la dictadura (1957-1958). Después del golpe de Estado del 10 de marzo de 1952, Batista actuó como un caudillo benevolente al estilo de Anastasio Somoza en Nicaragua. Auspició elecciones generales en 1954 quedando como único candidato presidencial tras la retirada a última hora de su contrincante Ramón Grau San Martín. En 1955, Batista restableció la Constitución de 1940 y otorgó amnistía aprobada por el Congreso a todos los exiliados y presos políticos, que sumaban menos de cien personas, incluyendo los encarcelados Fidel y Raúl Castro y treinta otros insurgentes que asaltaron los cuarteles del Moncada y Bayamo el 26 de julio de 1953, con un saldo de diecinueve soldados y policías muertos y treinta militares heridos.

La época de la dictadura comenzó el 13 de marzo de 1957, cuando docenas de seguidores del presidente derrocado Carlos Prío Socarrás y un puñado de estudiantes universitarios atacaron el Palacio Presidencial con la intención de asesinar a Batista y pusieron en peligro las vidas de su esposa e hijos. Posteriormente, la sección de Acción y Sabotaje del Movimiento 26 de Julio incrementó el terrorismo urbano encabezado por Aldo I. Vera Serafín,[9] Fausto Odón Álvarez de la Campa Sotolongo[10] y Armando Cubría Ramos.[11] Como consecuencia, el gobierno aumentó la represión pero

---

[9] Aldo Inocencio Vera Serafín (julio 28, 1928-octubre 25, 1976) fue fundador y dirigente de Acción y Sabotaje del Movimiento 26 de Julio hasta caer preso el 7 de noviembre de 1957 cuando una bomba que preparaba con Odón Álvarez de la Campa estalló y lo dejó herido. Al salir del presidio el 1 de enero de 1959, fue nombrado jefe de la Policía Revolucionaria en La Habana hasta ser reemplazado una semana después por Efigenio Ameijeiras. Vera pasó a ser jefe del Buró de Investigaciones hasta que fue marginado el 1 de julio de 1959. En el exilio militó en las organizaciones Acción Revolucionaria Democrática, Acción Cubana y fue jefe militar de la Cuarta República. El 25 de octubre de 1976 fue asesinado en San Juan, Puerto Rico, de dos balazos en la espalda por el Escuadrón de la Muerte de la Policía cuando fue implicado en la colocación de una bomba que le arrancó los brazos a dos policías cuando la desactivaban.

[10] Fausto Odón Álvarez de la Campa Sotolongo (septiembre 6, 1919-mayo 1, 2010) dirigente sindical bancario que fue encarcelado con Aldo Vera el 7 de noviembre de 1957 cuando una bomba que preparaban le arrancó ambas manos. El 12 de enero de 1959 fue nombrado Subsecretario Administrativo del Ministerio de Agricultura y renunció el cargo cinco meses después. Poco después ocupó el cargo de secretario de Relaciones Exteriores de la Confederación de Trabajadores de Cuba (CTC) y viajó a China, África y Europa en misiones de dicha organización. El 6 de marzo de 1961, fue designado vicepresidente del Banco Nacional de Cuba y renunció al siguiente año. En marzo de 1965, siendo consejero de la Embajada cubana en Madrid, desertó tras ser implicado en la conspiración del comandante Rolando Cubela y la CIA para matar a Fidel Castro. Recorrió ocho países de América Latina durante seis meses al frente de una delegación del Frente Obrero Revolucionario de Cuba denunciando ante organizaciones laborales al régimen castrista. Residió en Orlando, Florida, en los 1970s y se mudó a Los Ángeles, California, donde se naturalizó ciudadano estadounidense el 25 de abril de 1986. Falleció en Los Ángeles.

[11] Armando Cubría Ramos (julio 10, 1930-septiembre 7, 2010) natural de Puerto Padre, Oriente, después que fue arrestado en 1952, estuvo exiliado en Estados Unidos durante 1952-54 y regresó para hacerse responsable de Acción y Sabotaje en La Habana. Tras ser detenido con otras 15 personas el 11 de octubre de 1957, dio una larga confesión de sus actividades terroristas e implicó a otros. El 17 abril de 1959 era capitán de la Policía Nacional Revolucionaria (PNR) cuando fue juzgado por ser delator a sueldo del comandante de la policía Esteban Ventura Novo quien lo ayudó a evadirse del presidio. Salió absuelto debido al testimonio favorable de Aldo Vera Serafín y Odón Álvarez de la Campa, pero fue separado de su cargo. Llegó a Miami el 16 de abril de 1960 y dos meses después regresó a Cuba clandes-

siguió «tirando la toalla» que permitía la intercesión humanitaria a favor de jefes rebeldes como Huber Matos Benítez, Calixto Sánchez Whyte y otros, quienes en vez de ser ejecutados o encarcelados al inicialmente ser arrestados por actividades subversivas, salieron al exilio para regresar en expediciones armadas y continuar la lucha.

El régimen no hizo el esfuerzo para eliminar el foco guerrillero en la Sierra Maestra hasta último momento, cuando ya era imposible, mientras que el Congreso aprobaba cuantiosos créditos de guerra de millones de pesos que en gran parte fueron a los bolsillos de Batista, los políticos y militares corruptos. El estado de guerra se usó para que Batista y el Congreso justificaran y prolongaran la censura de prensa y la suspensión de garantías constitucionales. El control de Batista era absoluto, ya que los altos oficiales le reportaban inmediatamente todos los incidentes para su aprobación, desde qué hacer con un grupo de rebeldes capturados hasta los resultados de un pequeño accidente de un avión militar en el aeropuerto. Al presidente se le informaba cómo se iban desarrollando los combates y él volvía a llamar varias veces para dar órdenes y enterarse de los resultados. Batista hasta otorgaba recompensas, como la de $15,000 que le ofrecieron a Lazo si encontraba a la guerrilla de Guevara.

El sistema judicial también tuvo complicidad en la destrucción de Cuba. El teniente Vicente Camps Ruiz[12] me comentó en

---

tinamente con armas, granadas, control remoto y seis detonadores para atentar contra Fidel Castro. Arrestado y sentenciado a treinta años de presidio en la causa 334 de 1960, su esposa Vicky Roig Hardouin lo divorció en una corte de Miami en septiembre de 1964. Cubría, preso número 26,346, fue indultado en octubre de 1979 y emigró a Estados Unidos cinco meses después. Varios años después, fue convicto por posesión de drogas y sentenciado a una prisión federal hasta el 20 de septiembre de 1989. Falleció en Homestead, Florida.

[12] Vicente Camps Ruiz (octubre 20, 1914-julio 1975) era un guajiro analfabeto cuando se alistó como soldado en el Tercio Táctico del cuartel Moncada en 1934 donde estuvo hasta 1945. Fue a las escuelas para cabo y para sargento y en 1950 se graduó segundo teniente de la escuela de cadetes. Ascendió a primer teniente el 10 de marzo de 1952. Fue capturado por los rebeldes tras el combate de Palma Soria-

1974: «El poder judicial de Cuba siempre fue enemigo del gobierno de Batista y de cualquiera que estuviera en el gobierno. Siempre fue en contra de todos los gobiernos. Se llevaba a un hombre con todas las pruebas ante un Tribunal y lo absolvían.» Un ejemplo de esta actitud fue como Frank País, líder del alzamiento en Santiago de Cuba el 30 de noviembre de 1956, fue absuelto por un Tribunal de Urgencia que admitió como evidencia el falso testimonio de su novia América Domitro. En dicho juicio, que también juzgó a los expedicionarios del Granma que se rindieron, el fiscal Francisco Mendieta Hechavarría pidió la absolución de los acusados y el presidente de Tribunal, Manuel Urrutia Lleó, concurrió con su voto particular. Lazo estuvo preso en el vivac de Santiago de Cuba con tres magistrados del Tribunal de Urgencia de dicha ciudad. Escuchó cuando uno de ellos, Ignacio Vignau Rabell, recriminaba a los otros dos porque siempre exoneraron a los rebeldes llevados ante la justicia.

Concuerdo con Lazo cuando señala los siguientes cinco errores decisivos que cometió Batista en la guerra contra la guerrilla comunista:

1. Muchas promociones de oficiales estaban basadas en conexiones políticas y nepotismo, lo cual le dio el mando de operaciones a jefes indecisos e ineptos en vez de a oficiales jóvenes capaces y valientes.

2. Prohibió a la tropa moverse después de las 6 p.m. hasta las 6 a.m. lo cual permitió a los rebeldes operar libremente durante esas horas.

3. Batista envió un radiograma que todos los pilotos de enlace llevaban en el bolsillo indicando que se necesitaba órdenes superiores antes de atacar ciudades que no estuvieran evacuadas. No podían ripostar inmediatamente cuando les disparaban desde un centro urbano. Había que primero pedir permiso a un superior por

---

no. Encarcelado durante 1959-1962, partió a Estados Unidos en 1968, donde fue asesinado por un drogadicto en el Bronx.

radio y señalar la posición que iban a atacar, lo cual permitía la huida de los rebeldes que escuchaban dichas transmisiones.

4. El Ejército no usó helicópteros para mover tropas en operaciones que eran obligadas a marchar por tierra. En La Habana había solamente un helicóptero Bell de dos tripulantes y un helicóptero Sikorsky H-19 de doce pasajeros.

5. Batista, siendo mayor general, nunca tomó el mando del Ejército para dirigir la campaña contra la guerrilla.

Tras la huida de Batista, Lazo presenció la hecatombe en Santiago de Cuba, que se extendió a toda la isla, cuando las turbas embriagadas se lanzaron a la calle a saquear y destruir. Vio a oficiales rebeldes apropiarse de los autos de lujo de los batistianos para su propio uso. Escuchó a la muchedumbre enaltecida pidiendo a gritos el paredón de fusilamiento contra él y otros militares y policías detenidos en el vivac de Santiago de Cuba. A Lazo lo iban a fusilar sin juicio por ser piloto de enlace. Era el número catorce en una lista de hombres señalados para ejecutar. A último momento lo sacaron de la fila de condenados rumbo a la muerte para juzgarlo junto con los demás aviadores. Dos de los fusilados ostentaban como resguardo el brazalete del Movimiento 26 de Julio que les obsequiaron cuando se pasaron a los rebeldes a última hora.

El juicio revolucionario contra Lazo y sus cuarenta y dos compañeros de la FAE acusados de genocidio dejó establecido la farsa judicial que se le aplicaría al país por más de medio siglo. Fidel Castro trató de emular los juicios de Núremberg contra los criminales de guerra nazi culpables de genocidio. El régimen castrista fabricó testigos que no pudieron identificar a un solo acusado. Un acusador alegó que su casa fue bombardeada y ametrallada con dieciocho personas adentro pero no explicó cómo nadie fue herido o muerto. Otro declaró que ayudó a inhumar a víctimas de un bombardeo aéreo, pero no pudo dar sus nombres o identificar el lugar del entierro. Un veterano de la Guerra de Independencia admitió que el fiscal le había instruido lo que tenía que decir.

Todos los testigos que demostraron cicatrices dijeron, sin excepción, que las heridas fueron producidas por balas calibre 50. Esa es la munición más gruesa y devastadora que tenía el Ejército, usada en los aviones de combate, generalmente con resultado mortal.

Durante el juicio la fiscalía comprobó que la Fuerza Aérea realizó más de 600 misiones en Oriente, empleando 6,080 bombas y cinco millones de balas calibre 50. Sin embargo, el saldo fue de ocho civiles muertos y dieciséis heridos. Quedó demostrado durante el proceso judicial que ningún soldado rebelde pereció en dicha campaña aérea. Esto no constituye genocidio, que es un crimen cometido para exterminar un grupo étnico o social por motivos de raza, religión o política. Después que todos los acusados fueron declarados inocentes, Fidel Castro, a pesar de ser abogado, dictaminó que la fiscalía tenía el derecho de apelar la sentencia absolutoria y ordenó un segundo juicio, designando al fiscal, que no era auditor, y a los miembros del Tribunal, que no eran juristas. El juicio contra los aviadores dejó establecido que Castro, a los dos meses de tomar el poder, era el juez, jurado y verdugo en Cuba y el Colegio Nacional de Abogados quedó emasculado.

Conocí a Carlos Lazo, después que cumplió veinte años de presidio político, en enero de 2005 cuando lo entrevisté para mi libro *The Moncada Attack: Birth of the Cuban Revolution*. Su memoria privilegiada es impresionante, algo que he encontrado común entre otros presos políticos cubanos que pasaron décadas encarcelados. Lazo me obsequió un ejemplar de su libro *Inocentes los aviadores*, de 117 páginas, que había publicado tres años antes. Me dijo que no estaba satisfecho con la obra, ya que la redactaron copiando literalmente la transcripción de su entrevista grabada y le faltaba forma gramatical. El libro también carecía de otros relatos decisivos que se han incorporado a esta obra. Lazo me proveyó artículos de periódicos contemporáneos recopilados por su hermano Antonio Lazo Cuba y el diario de su esposa Nora para que yo hiciera una revisión de su libro. Al leer *Inocentes los aviadores* realicé que contenía valiosa información omitida de la historia de Cuba. Estimé que su autobiografía debía publicarse, pero mis compromisos académicos me mantuvieron ocupado en otros menesteres por más de una década antes de poder dedicarme a esta obra que ahora queda plasmada para la historia. Le agradezco a Pepe Fernández su lectura del manuscrito y sugerencias al respecto.

Antonio Rafael de la Cova
West Columbia, S.C.
2016

CAPÍTULO I

«Llegaron a donde hay más Mau-Mau que militares»

Desde joven, siempre tuve ansias de ser piloto de aviación. Aquello me parecía una imposibilidad, ya que yo provenía de una familia campesina humilde del pueblo de San Luis en la provincia de Pinar del Río. Nací el 28 de junio de 1931, el menor de once hermanos. Mi padre, José Lazo López, era natural de Hermigua, La Gomera, Islas Canarias, y llegó a Cuba de polizón a los diecisiete años de edad huyéndole al servicio militar obligatorio. En San Luis conoció a mi madre, Zoila Estrella Cuba Pérez, de padres isleños. Pasé mi juventud en labores agrícolas después que terminé el quinto grado en una escuela pública en la hacienda La Güira de José Manuel Cortina.[13] Yo recogía a caballo a la maestra Ramona Fuentes en la finca de Octavio Masón, donde ella se quedaba de lunes a viernes dando clases privadas, y la llevaba cuatro kilómetros a la escuela. Durante la trayectoria, ella en la montura y yo atrás agarrado a su cintura, me iba explicando la clase del día para que yo no fallara en el aula.

La cosecha de tabaco era la principal entrada económica y había veces que cuando terminábamos la recogida, debíamos más dinero a la tienda del batey que el sueldo que recibíamos. A los once años de edad, en busca de mejor sustento, obtuve empleo en el restaurante y bar campestre de mi hermano José, llamado «Neno», frente a la fábrica de textiles Tedeka y Colana en el reparto La Esperanza, en Calabazar. Estuve allí hasta los dieciséis años, cuan-

---

[13] José Manuel Cortina García (febrero 3, 1880-marzo 9, 1970) nació en San Diego de Núñez, Pinar del Río, y fue abogado, gran orador y político. Ocupó los puestos de Representante, Senador, Secretario de la Presidencia de Alfredo Zayas, y Presidente de la Delegación cubana en la Liga de las Naciones. Obtuvo asilo político en Miami el 14 de agosto de 1960, donde posteriormente falleció.

do conseguí trabajo en el restaurante Ampudia en Marianao. Empecé limpiando el piso, aprendí a cocinar y terminé de camarero.

El 23 de abril de 1952, me alisté como soldado del Servicio Militar de Emergencia. Lo hice con la esperanza de poder entrar en la Fuerza Aérea del Ejercito (FAE).[14] Fui asignado a la plantilla del Regimiento No. 11 de Holguín en la provincia de Oriente. Estuve en la Escuela de Reclutas tres meses donde con veintiún años de edad recibí un entrenamiento militar riguroso. Al terminar el curso, fui destinado a la infantería en la base aérea de San Antonio de los Baños en la provincia de La Habana. En los días que no teníamos que hacer guardia de puesto, tras el sargento pasar lista a las 7:00 a.m., nos asignaba a cuatro o cinco soldados para limpiar los almacenes de suministro de la FAE. A casi nadie le agradaba esa tarea, pero yo lo hacía con esmero porque lo veía como un paso adecuado para afiliarme a la aviación.

Le expliqué mi propósito a los que trabajaban conmigo para que nos asignaran fijo a dichos almacenes y así tratar de pasar a la FAE. Nuestro jefe, el teniente Heriberto Montecino Alfonso, técnico de suministros, aún recuerda que quedaba muy satisfecho con la labor de nuestra escuadra ya que era superior a la otra que iba en los días alternos. Un día que yo estaba de guardia de puesto en los almacenes vi llegar al capitán Eduardo A. Ferrer del Castillo[15] en un avión Beechcraft Bonanza de cuatro pasajeros y decidí explicarle mi situación. Durante mi recorrido de guardia, con el fusil al hombro, el capitán pasó cerca de los almacenes al bajarse de su avión. Lo saludé militarmente y le pedí permiso para hablar

---

[14] La Fuerza Aérea del Ejército (FAE) estaba compuesta por el escuadrón de bombardeo, con 20 aviones B-26 y un helicóptero; el escuadrón de persecución con 17 aviones F-47 y ocho Lockheed T-33; y el escuadrón de transporte con ocho AT-6 de entrenamiento, once C-47, dos L-20 de Havilland Beaver, cinco PA-18, cuatro PA-20, un PA-23 y dos Piper Tri-Pacer.

[15] Eduardo Alberto Ferrer del Castillo (mayo 15, 1916–?) fue encarcelado al ser implicado en la conspiración del coronel Ramón M. Barquín López y recobró su libertad el 1 de enero de 1959. Fue nombrado a la jefatura de la Fuerza Aérea Revolucionaria (FAR) y piloto de Raúl Castro. Se exilió en Miami el 5 de mayo de 1960.

con él. Fue muy cortés al acceder mi petición y le dije que tenía grandes ansias de trasladarme a la FAE para superarme con los estudios de mecánico de aviación. Ferrer entonces fue a inquirir del teniente Montecino si yo era adepto al trabajo y los estudios. Tras una respuesta positiva, regresó a mi posta y me prometió que él me ayudaría si yo me dedicaba a estudiar. A los pocos días, el capitán me llevó en un vuelo al aeropuerto del Campamento Columbia en La Habana.

Poco después comencé a estudiar en la Academia Bravo en la capital durante un año. Junto con dos compañeros tomé clases nocturnas de matemática, algebra y geografía que impartía un profesor de Rancho Boyeros. Luego estudié durante otro año mecánica de aviación en la Inter American Aviation School en los altos de Malecón No. 23. La escuela cambió de nombre para la Academia Cubana de Aviación y se mudó para la esquina de las calles 23 y C en el Vedado. Cinco meses antes de terminar el curso le dije a uno de los dueños de la academia, Manolín López García, ingeniero de vuelo de Cubana de Aviación, que no podía terminar el curso porque con mi sueldo mensual de $46.40 se me imposibilitaba costear los $20 de las clases más unos $30 en pruebas de vuelo. Me respondió que me iba a pagar mi comprobante de vuelo y me lo entregaría personalmente, sin yo pedírselo al oficinista, para que pudiera volar por $5 la hora en el pequeño aeropuerto de pista de tierra en Chico, Wajay.

López García adquirió para la academia un avión Piper J-3 Cub de pontones que estaba hundido en el río Almendares. Se lo regaló su dueño, el capitán de fragata Abel Durañona Fernández, que lo había usado de entrenamiento para una escuela de aviación que cerró. Ignacio Rodríguez, piloto instructor civil, reconstruyó el fuselaje con la ayuda de los que éramos estudiantes y lo dejamos como nuevo. El Piper J-3 Cub tenía dos asientos, uno atrás del otro, la envergadura de alas era de 35 pies y tenía 22 pies de largo. Podía volar 220 millas a una velocidad máxima de 87 mph. El avión tenía la licencia CUN 123 e inició su vuelo en el aeropuerto del Chico con Rodríguez como instructor.

Mi instructor de vuelo fue Ramón Regueiro Miranda, quien después que tuve ocho horas en el aire me dejó volar solo. Obtuve mi licencia limitada de piloto civil tras continuar volando de una a dos horas semanales. Con el Piper comencé a tirar volantes de propaganda del almacén La Casa Isa en San Antonio de los Baños que me pagaba $50. Cada volante tenía un número que si era el mismo del premio ofrecido por la tienda se ganaba un colchón valorado en $60. La avioneta iba equipada con sirenas que se escuchaban a varias millas de distancia. Yo volaba a 300 pies de altura acompañado por otro instructor quien me ayudaba a tirar las 20,000 hojas en varios vuelos sobre San Antonio de los Baños, Bejucal y Rincón. Él tenía experiencia en como arrojar los volantes en contra del viento para que cayeran en el lugar apropiado. El primer vuelo lo hicimos sin el permiso de la Guardia Rural, que tenía que aprobar que los papeles no tuvieran propaganda subversiva, y por poco pierdo mi licencia. Con dichos vuelos acumulé 43 horas en el aire, que me permitían examinarme por oposición como piloto militar.

Mientras trabajé en los almacenes de la FAE cobré mi sueldo por la compañía de jefatura del aeropuerto de Columbia. Al presentarme en pagaduría en abril de 1958, el sargento me preguntó si mi licencia civil de vuelo estaba vigente. Tras mi respuesta afirmativa, me sugirió que me presentara al comandante Luis M. González Rojas[16] para inscribirme en los exámenes de oposición para los soldados que eran pilotos civiles. El sargento me pidió mi libro de vuelo, la vigencia y la licencia, lo cual fui a buscar y se lo entregué. Al revisar los documentos me dijo que, aunque tenía pocas horas de vuelo, calificaba para que al día siguiente comenzara a volar a las ocho de la mañana con otros veinte pilotos que aspiraban a las doce plazas disponibles. Las pruebas fueron durante dos semanas y la inspección final la realizaron los capitanes Luis E.

---

[16] Luis M. González Rojas fue condenado por un Tribunal revolucionario en Santa Clara a 30 años de trabajo forzoso por el falso cargo de genocidio el 27 de mayo de 1959.

Pérez Escandón[17] y Rafael Lima Silva. Este último tenía con Jorge A. Perramón Spencer[18] una academia aérea en Almendares. Me asignaron a Luis Rojas de inspector de vuelo a quien aún le guardo una gran estimación. El 1 de mayo de 1958, me avisaron que fui aprobado con otros once candidatos y ese mismo día nos graduamos de segundo teniente piloto de enlace. Fue un momento inolvidable y uno de mis mejores recuerdos como militar, ya que había logrado mi sueño de ser piloto.

Ese verano el Ejército iba a desatar una gran ofensiva en la Sierra Maestra contra la guerrilla de Fidel Castro, donde operaban hacía dieciocho meses. Al destinarnos a Santiago de Cuba los nuevos pilotos tuvimos cierta aprensión de entrar en combate ya que éramos bisoños. El comandante Luis E. Pérez Escandón nos dijo antes de partir: «Pueden estar totalmente convencidos que, si los comunistas ganan, nos destruyen a todos y Cuba será un satélite de Moscú.» Días después del asalto al Palacio Presidencial el año anterior, el general Fulgencio Batista había denunciado que Fidel Castro era un agente de la Unión Soviética y que no había duda de que su movimiento era comunista y ayudado por el comunismo internacional.

Al día siguiente de graduarnos como pilotos, Francisco Rogelio Campbell Colt[19] y yo fuimos designados a la provincia de Oriente. Campbell, de veintiún años de edad, era un negro de más de seis pies de altura, por lo que tuvo que viajar reclinado dentro del pequeño Piper PA-18 Super Cub FAE-21 de dos asientos que tomamos a Oriente. Llegamos al aeropuerto Antonio Maceo de Santiago de Cuba como a las cinco de la tarde después de hacer escalas en Santa Clara, Camagüey y Bayamo, siendo el primer

---

[17] Luis Evelio Pérez Escandón (junio 21, 1924-septiembre 9, 1989), natural de Güira de Melena, se asiló el 11 de septiembre de 1960 en Miami donde luego falleció.

[18] Jorge Antonio Perramón Spencer (febrero 22, 1918-junio 1, 1998) fue primer teniente y agregado militar en la embajada cubana en Washington. Falleció en Miami y sus cenizas se regaron en la bahía de Biscayne.

[19] Francisco Rogelio Campbell Colt (septiembre 16, 1936-junio 11, 1997) falleció de neumonía en Miami.

viaje más largo de mi vida. El aeropuerto Antonio Maceo queda al sur de la ciudad, en la costa del Caribe, con dos pistas de más de 7,000 pies, una paralela al mar y la otra en dirección norte y sur, que servían los vuelos civiles de Cubana de Aviación y los aviones de la FAE. Ambas secciones estaban bajo el control del solterón primer teniente Edelso Rodríguez Rodríguez, quien nos recibió junto con el capitán de infantería Teodoro Rico Boué,[20] ayudante del jefe del Regimiento No. 1 del cuartel Moncada. Rico nos dio la bienvenida diciendo: «Llegaron a donde hay más Mau-Mau[21] que militares, y aquí hay tiros por todas partes.»

Esa misma tarde salí en mi primer vuelo de reconocimiento sobre la Laguna de Baconao al este de Santiago de Cuba. Campbell también tuvo su primera misión y regresó una hora después. Al día siguiente Campbell y yo partimos varias veces en vuelos de vigilancia. Inicialmente solo teníamos accesible el avión Piper PA-18 FAE-21. Como a los diez días tuvimos adicionalmente el Piper Tri-Pacer FAE-32.

Nuestra misión principal era sobrevolar a cien pies o menos de altura el área donde se había indicado movimiento guerrillero y cuando nos dispararan, comunicar por radio microonda su posición a los pilotos de los aviones de patrulla de combate B-26 y F-47 Thunderbolt para que bombardearan el sitio. Mejor estrategia hubiera sido utilizar helicópteros para misiones de reconocimiento, como se hizo en Vietnam, pero la FAE tenía solamente un Sikorsky H-19 de doce pasajeros estacionado en La Habana. El helicóptero era enviado ocasionalmente por varios días a Santiago de Cuba para llevar comida, municiones y medicinas a las tropas en campaña. El Sikorsky nunca se usó para transportar soldados rápidamente al lugar de acción.

---

[20] Teodoro Rico Boué (abril 20, 1914-diciembre 6, 1989) acompañó al general Alberto R. del Río Chaviano a Santo Domingo, República Dominicana, después que su superior fue despedido del Ejército el 27 de diciembre de 1958 por conspirar contra Batista. Diez meses después Rico se mudó a Miami donde falleció.

[21] Los Mau-Mau eran un grupo terrorista en Kenia que se habían alzado contra el gobierno colonial británico en 1952 y fue el apodo que los soldados le pusieron a los rebeldes castristas.

A principios de mayo de 1958, el comandante Roberto Franco Lliteras fue enviado con una compañía en una «operación de limpieza» contra los rebeldes en Limonar de Monte Rus, ubicado dentro del macizo montañoso Sagua Baracoa, a veinticuatro millas al norte de la ciudad de Guantánamo. La tropa se enfermó con disentería cuando acamparon en La Lima y Soledad. El coronel Pedro A. Valdivia Romero,[22] jefe de operaciones del Ejército y la Guardia Rural en la zona de Guantánamo, me comunicó por radio una lista de medicamentos para llevarles a los soldados. Le pasé el pedido al sargento René Agüero,[23] jefe de las patrullas microonda en Guantánamo, quien compró Kaopectate y otros remedios en una farmacia local y lo envolvió en un paquete de unas veinte libras. Aterricé en el aeropuerto cerca del Central Los Caños, cuatro millas al sureste de Guantánamo. La pista de concreto de 7,736 pies de largo y 151 pies de ancho la habían construido los norteamericanos durante la Segunda Guerra Mundial. Al poco tiempo llegó el teniente coronel Arcadio R. Casillas Lumpuy,[24] uno de los grandes

---

[22] Pedro Armengol Valdivia Romero (abril 27, 1919-mayo 23, 2000), natural de Sancti Spíritus, se alistó en el Ejército en 1938 y era primer teniente el 10 de marzo de 1952, cuando ascendió a teniente coronel y a coronel en 1957. Fue inspector de los Regimientos 5 y 7 de la Guardia Rural ante de ser nombrado asesor militar en Haití desde el 12 de mayo de 1956 hasta ocupar el puesto en Oriente. Fue sentenciado a treinta años de presidio por un Tribunal revolucionario el 29 de mayo de 1959. Al naturalizarse ciudadano estadounidense en octubre de 1975, se cambió su nombre a Peter Armenhol Valdivia. Falleció en Hialeah.

[23] El sargento René Agüero fue fusilado en Guantánamo el 6 de enero de 1959.

[24] El teniente coronel Arcadio R. Casillas Lumpuy (1919-1959) el 1 de enero de 1959 fue invitado por el jefe militar de la plaza de Guantánamo, comandante Roberto Franco Lliteras, secundado por el capitán Raúl Vila y el teniente Joaquín Zumbado Armenteros, entre otros, a asistir a una entrevista conciliatoria con los jefes guerrilleros para garantizar la entrega de sus fuerzas sin represalias ni venganzas. Sus colegas le prepararon una alevosa trampa siendo arrestado al llegar al lugar de la reunión. Rápidamente fue sentenciado a la pena de muerte con otros militares por un improvisado Tribunal revolucionario. Cuando eran llevados al paredón de fusilamiento sobre una camioneta, Casillas se abalanzó sobre un custodio y le arrebató el fusil. Desde el balcón del ayuntamiento, guardias rebeldes ametrallaron el vehículo, matando a los reos y también a algunos custodios rebeldes. Su hermano Joaquín Casillas Lumpuy había muerto de la misma manera el día anterior en

y dignos oficiales de nuestro Ejército, con los medicamentos. Puse el paquete de medicina en una caja forrada con guata, dentro de un saco, para que no se dañara.

El capitán Manuel de Jesús Casallas Manso,[25] jefe del escuadrón de la Guardia Rural de Guantánamo, me ordenó que aterrizara en Limonar de Monte Rus para entregar la medicina a la tropa. Al sobrevolar la posición vi que la pista de tierra sobre la loma, utilizada por una avioneta de fumigación, era muy corta y que al final había un precipicio con más de cien pies de profundidad. Le comuniqué por radio a Franco Lliteras que le iba a tirar la medicina desde el aire. La tropa estaba acampada en la cima alrededor de una pequeña casa abandonada. Primero volé muy bajo para calcular la distancia y al volver a pasar tiré la caja con tan buena suerte que al rebotar entró por la puerta y no se rompió ni un frasco.

Al día siguiente el coronel Valdivia ordenó al segundo teniente Carlos G. Valls Ruiz[26] que llevara más medicamentos a Limonar de Monte Rus. Le advertí a Valls que la pista era muy pequeña y peligrosa para su Piper Tri-Pacer FAE-27 que corría mucho al aterrizar. Valls no me hizo caso y como a las nueve de la mañana se fue por el barranco al final de la pista y destrozó el avión. Edelso Rodríguez lo rescató al aterrizar un De Havilland Beaver con los frenos puestos en la corta pista. Valls tuvo una gran herida en la frente y en la boca, perdió varios dientes, y quedó rebajado de servicio por un mes.

En esa zona rebelde del Segundo Frente Oriental de Raúl Castro, el capitán Ramón I. Martínez Morejón era el terror de la guerrilla después de entablar numerosos combates. Tarde una noche, a fines de mayo de 1958, el coronel Alberto R. del Río Cha-

---

Santa Clara, mientras forcejeaba con los custodios que lo conducían en un camión al paredón.

[25] Manuel de Jesús Casallas Manso (enero 13, 1907-julio 1969) falleció en Miami.

[26] Carlos G. Valls Ruiz, estando detenido en el campamento militar de La Habana el 11 de marzo de 1959, durante una visita de familiares a los presos tomó a pocos metros del lugar un Piper Tri-Pacer y escapó a Cayo Hueso donde pidió asilo político. Valls murió en un tiroteo después de aterrizar como copiloto en Trinidad en agosto de 1959 durante la frustrada invasión desde Santo Domingo.

viano, jefe del Regimiento No. 1 del cuartel Moncada en Santiago de Cuba, me dio un sobre sellado para que lo entregara personalmente a Martínez Morejón en Guantánamo antes de amanecer. Me le presenté al capitán a las 5:00 a.m. y tras entregarle el sobre me leyó su contenido. Era una orden para que antes de las 6:00 p.m. tomara La Lima, un pequeño paradero de trenes, con unas veinte casas, enclavado dentro de unas lomas. El sitio era un punto de avanzada del Segundo Frente rebelde cuya comandancia estaba en El Aguacate. Martínez Morejón me dijo: «Esto es suicida pero como militar tengo que obedecer la orden y ahora van a saber quién soy.» El capitán añadió que el coronel del Río Chaviano le tenía celos por las victorias militares que había recientemente logrado. Llamó a sus oficiales más allegados y les dijo que buscaran por lo menos diez camiones en la ciudad para emprender la marcha.

Martínez Morejón comenzó a tomar cuenta de la tropa que tenía disponible. Media hora después me llamó para decirme que los cien hombres de su compañía no eran suficientes, no tenía morteros, y no le habían enviado repuestos. El capitán enfatizó: «Voy a un matadero seguro, pero solamente confío en que ustedes los pilotos no me abandonen en ningún momento.» Su tropa salió de Guantánamo en dos jeeps y ocho o diez camiones tomados de los comercios. Les dimos cobertura aérea Edelso Rodríguez en el De Havilland Beaver FAE-15 y yo en el PA-18 FAE-21. Al llegar al caserío como a las 2:00 p.m. comenzó a llover y los rebeldes nos dispararon desde unos huecos atrincherados que habían preparado. Inmediatamente prestamos apoyo aéreo Rodríguez y yo en los dos aviones de enlace, el teniente Francisco Chappi Yáñez en un AT-6, un C-47 de La Habana, y el helicóptero Sikorsky H-19 piloteado por el capitán Rafael A. Lima Silva acompañado de un artillero con una ametralladora calibre 30. Desde mi avión podía ver y oír las balas cruzadas de ambos bandos.

Ese día, bajo la lluvia, la compañía de Martínez Morejón tomó la colina al este de La Lima, forzando la huida de los rebeldes liderados por Raúl Castro y Efigenio Ameijeiras. Las condiciones del tiempo continuaron pésimas hasta el anochecer. Ya el Ejército tenía tomado el poblado, pero quedaban algunos francotiradores que los hostigaban, dejando un saldo de varios muertos y heridos. Martínez Morejón sufrió una embolia al ver caer muerto a uno de sus oficiales y fue evacuado en el Sikorsky al hospital militar de La Habana. El coronel del Río Chaviano trató de vengarse de él dándole a su ayudante Rico Boué un documento diciendo que Martínez Morejón se había acobardado ante el enemigo. Rico se lo pasó al capitán Lima quien rehusó firmarlo.

Al retirarse los rebeldes le dieron candela a La Lima dejándolo en cenizas. Los militares continuaron la ofensiva hacia el norte de Guantánamo y sólo tuvieron algunas escaramuzas porque el miedo a los aviones ahuyentó a los rebeldes. Vecinos de dicho lugar posteriormente me dijeron que pasaron más de dos meses sin ver a un solo guerrillero. El valor y el coraje de la compañía de Martínez Morejón deben constar en las páginas de gloria de nuestra historia.

La lucha se intensificó en Guantánamo después que la guerrilla atacó Limonar de Monte Rus y Naranjo Agrio, en la zona cafetalera de Sagua de Tánamo, a mediados de 1958. Allí los rebeldes establecieron la Comandancia de la Columna No. 19 «José Tey» en el chalet de madera de dos plantas del médico Ignacio Delgado. Fuimos allí varias veces, donde primero vi a los rebeldes disparándonos al avión. En Naranjo Agrio alcanzaron con metralla el avión del primer teniente Edelso Rodríguez. Dos días después, el teniente Campbell salió en vuelo de vigilancia en el Piper Tri-Pacer FAE-32 y yo lo acompañé de vigía con una carabina San Cristóbal. Cuando regresábamos al aeropuerto viejo de la Pan American en Guantánamo, una tempestad causó un viento de cola de 25 mph al acercarnos a la pista. Le advertí a Campbell que acelerara y diera una vuelta para tratar de aterrizar de nuevo sin peligro. Me respondió: «Yo soy el bárbaro en haciendo esto.» Al bajar a gran velocidad a más de media pista se levantó la cola del avión y la hélice chocó contra el pavimento. El Piper se volcó de frente, cayó ruedas arriba, se desprendió un ala, y se rompió el tren de aterrizaje, la hélice y el parabrisas.

Yo salí ileso del avión mientras Campbell quedó colgando al revés con las amarras de su asiento. El teniente Chappi sacó a Campbell quien estaba tan aturdido que al intentar fumar puso un fósforo en su boca y trató de rallar la cajetilla con el cigarro. Después de esa espeluznante experiencia, si yo hubiera sido piloto civil, jamás me hubiera subido a un avión, pero como militar tenía que cumplir con mi deber. El tiempo y la experiencia me permitieron vencer ese temor. Los mecánicos no tardaron en reparar el avión. Los técnicos de la FAE eran muy rápidos y eficientes en su trabajo, algo de gran importancia para nosotros, porque sabíamos que podíamos contar con un buen equipo de mecánicos.

Cada día las misiones de combate eran más difíciles. Tuve días de ocho horas de vuelo en las que los rebeldes me dispararon frecuentemente con ametralladoras. En dos ocasiones hirieron a mi artillero que operaba una ametralladora calibre 30 que giraba sobre una pieza soldada al marco de la puerta abierta del avión. Para evitar ser alcanzado por los balazos, Campbell volaba de reconocimiento a gran altitud por lo que sus compañeros jocosamente lo apodaron «El niño con tos ferina.» Esto se debió a que durante esa década los médicos europeos experimentaron con volar a 10,000 pies de altura por media hora a niños afectados con la tos ferina lo cual resultó en su curación en muchos casos. El primer teniente médico Santiago U. Somodevilla Parra[27] del hospital militar en Santiago de Cuba hizo el mismo tratamiento y los pilotos de enlace recibimos órdenes de vuelos nocturnos con los niños enfermos acompañados por un familiar. Yo hice tres o cuatro de esos vuelos al igual que los demás pilotos que realizamos esas misiones humanitarias durante la guerra.

En julio de 1958, la situación se puso más crítica en Oriente, especialmente en Santiago de Cuba, Guantánamo y Baracoa, después de la ofensiva de Las Mercedes y la rendición el 21 de ju-

---

[27] Santiago Urbano de la Caridad Somodevilla Parra (junio 26, 1913-octubre 8, 1968) natural de San Luis, Oriente, llegó a Miami el 20 de noviembre de 1960. Resumió la práctica de médico y se hizo ciudadano norteamericano. Cuando trabajaba en el Terrell State Hospital en Texas falleció de un infarto cardíaco.

lio del comandante José Quevedo Pérez[28] y su Batallón 18. Quevedo y algunos de sus oficiales y tropa se pasaron a los rebeldes y les entregaron todo su armamento. Una semana después, se rindió el capitán Carlos Durán Batista con la Compañía 92 y se unió a la guerrilla. En aquellos días, me asignaron llevar a un marinero a Punta de Maisí para recoger a su madre que necesitaba atención médica. Hicimos el vuelo en un Piper Tri-Pacer de cuatro pasajeros con un motor Continental C75 que para mí fue de mucho agrado porque toda esa zona sur de Oriente tiene gran esplendidez desde el aire. Antes de aterrizar, recordé el historial del primer teniente Larín quien murió allí al estrellarse porque la pista de tierra era muy peligrosa. El terreno estaba alineado de oeste a este y al final, a menos de cien metros, había arrecifes. Ambos lados de la pista estaban cubiertos de malezas y abrojos muy altos.

    Traté de aterrizar cautelosamente, pero entré muy largo y a mitad de la pista tuve que acelerar para dar la vuelta y tratar de nuevo. Al bajar la segunda vez lo hice muy anticipado con las ruedas casi rozando el alambrado al borde de la pista. Los frenos no respondieron al tocar tierra ya que una zapatilla del hidráulico estaba dañada. Me percaté de un trillo con pocos matojos y decidí meter el avión por allí. Apagué el motor y di un fuerte giro con pedal y timón que me levantó la rueda derecha y casi me vuelco. El Piper aún corría con alta velocidad cuando lo encaminé por el trillo. Las alas iban arrasando los matojos en ambos lados lo cual disminuyó la velocidad hasta detenerme. Sentí un gran alivio porque para todos los pilotos después que se pasa esa situación lo que se siente es algo más que miedo. El marinero y yo sacamos el avión de aquel montecito y lo posicionamos en la pista.

    Caminamos por el trillo hasta el faro donde vivía su madre, casada con el cabo de la Marina de Guerra y telegrafista del faro, y sus seis hijos. Encontramos a la señora acostada con un gran dolor

---

[28] José Quevedo Pérez (agosto 1, 1925-abril 20, 2011) permaneció en Cuba como coronel de las Fuerzas Armadas Revolucionarias y fue nombrado agregado militar en la Unión Soviética en 1971. Fue retirado como brigadier y en noviembre 2003 se exilió en Miami, donde posteriormente falleció.

de la vesícula y espalda. Después que su hijo le relató nuestro peligroso aterrizaje ella dijo que prefería morirse en su cama antes de subir a una avioneta sin frenos. En eso llegó un amigo marinero y tampoco pudo convencerla que volara a La Habana con nosotros, aunque mi misión era llevarla hasta Santiago de Cuba. Después de dos horas, decidí con gran pena irme sin ella porque tenía que regresar antes de oscurecer. Rumbo al avión paramos en una tienda de campo para almorzar, pero los anaqueles estaban vacíos. Me informaron que los rebeldes habían saqueado todo y los suministros solo llegaban por barco cada quince días.

Me entristeció grandemente ver allí a ocho párvulos, menores de diez años de edad, que estaban casi desnudos y melancólicos. Traté de hablar con ellos, pero no me respondieron hasta que el mayor me preguntó si yo era piloto. Al confirmarlo, inquirió si había pan y galletas en el avión. Noté que tenían mucha hambre y pregunté cuándo fue la última vez que comieron. El niño me dijo que desde hacía muchos días cuando el barco de los marineros les trajo pan, galletas y comidas sabrosas. Le entregué todo mi dinero, que era menos de tres pesos, para que lo repartiera entre todos ellos. Un moreno que lo presenció me dijo que ese dinero no iba a resolver nada ya que en la bodega no había ni azúcar. Al preguntarle qué había pasado me dijo que los Mau-Mau arrasaron con todo, no dejaron ni yuca para hacer casabe, y que los residentes subsistían de la pesca y del cacao. El desespero de aquel hombre y los niños famélicos reafirmó mis ideales de luchar contra los que causaron aquella miseria. La guerrilla culpaba al gobierno de los sufrimientos de la población que por desgracia vivía en áreas que ellos llamaban «zona libre,» donde no había cuartel del Ejército. El puesto más cercano estaba en Baracoa a más de quince minutos por aire.

Cuando regresé al avión encontré que me esperaban dos hombres. El más joven y decidido me saludó efusivamente y preguntó si yo era el piloto. Al confirmarlo, me ofreció $500 para que llevara a su padre enfermo, quien lo acompañaba, a Baracoa. Le expliqué que como el avión no tenía frenos me era imposible aterrizar en la pista corta de Baracoa y ofrecí llevar al padre a Guantánamo y dejarlo hospitalizado, ya que yo podía llamar por radio a una ambulancia para que lo esperara en la pista. Le indiqué al individuo que como militar yo no le podía cobrar y lo haría bajo mi responsabilidad. Me pidió disculpas y dijo que pensó que yo era civil y por eso me ofreció la suma extravagante que le pedían por un vuelo a Baracoa. Ambos insistieron que los llevara a Baracoa pero lo rechacé volviendo a reiterar que sin frenos, con sobrepeso y en pista corta, todos íbamos a morir accidentados.

Regresé a Santiago de Cuba sobrevolando la playa de la costa sur, pasando cerca de la base naval estadounidense de Guantánamo, y aterricé al anochecer. Al acostarme a dormir, medité mucho sobre lo que había visto en Maisí al igual que las penurias de la población civil bajo amenaza rebelde en Guantánamo, Moa, Chivirico, Palma Soriano, La Maya, Alto Songo y en otros lugares donde estuve en la provincia de Oriente. Yo estaba convencido que mi lucha era por algo justo y que la gente sufría por las condiciones impuestas por la guerrilla sobre un campesinado que no era culpable de los problemas políticos. Me sentía inseguro si la oferta del hombre enfermo y su hijo era un posible intento de secuestro para llevar el avión a la zona rebelde. Poco después, los alzados comenzaron los secuestros de los aviones civiles en pleno vuelo. Uno de los aviones pirateados, un Viscount de Cubana de Aviación, cayó en la bahía de Nipe matando a 17 personas, incluyendo mujeres y niños.[29]

En el verano de 1958 mis vuelos incrementaron de diez a doce horas diarias hasta el atardecer, cuando lo exigían las cir-

---

[29] El 3 de noviembre de 1958, el vuelo 495 de Miami a Varadero fue secuestrado por cinco rebeldes que se pusieron uniformes y brazaletes del Movimiento 26 de Julio en el aire. Llevaban en su equipaje armas, parque y auxilios para la guerrilla en la pista de Cananova, Mayarí Arriba. El avión cayó en la Bahía de Nipe quedando solo tres vivos: Luis A. Sosa, Omara González y Osiris Rosendo Martínez, quien perdió a su esposa y tres hijitos en el desastre. En 2006 entrevisté en Miami a Omara y Osiris y grabé su relato. Uno de los secuestradores, Edmundo Ponce de León fue descubierto viviendo en Miami en 2006, después de haber emigrado de Cuba en 1994. La administración Bush decidió no procesarlo por el secuestro aéreo.

cunstancias, y participé en numerosas acciones. Un día recibí órdenes de ir al aeropuerto de Los Caños, cerca del antiguo Central Los Caños, donde me notificaron que el pequeño cuartel de siete soldados y un sargento en el caserío San Antonio R-2, cerca de San Antonio del Sur, a 37 millas de Guantánamo, estaba siendo hostigado por los rebeldes. A las once de la noche me ordenaron hacer reconocimiento y solamente entablar combate si era necesario. Salí de Los Caños en mi primer vuelo nocturno, en el Piper Tri-Pacer FAE-32 que había sido reparado, acompañado de un artillero. Al sobrevolar el área del cuartelito había poca visibilidad debido a la neblina y la oscuridad por lo que regresé al aeropuerto.

 Como a la una de la madrugada me relevó el segundo teniente Carlos Valls en el Piper Tri-Pacer FAE-33. Él era valiente y decidido y al alborear hostigó a los rebeldes ametrallando unos montes donde se escondían. La guerrilla huyó a las 5:10 a.m. porque le temían mucho a los B-26 y los F-47 que operaban de día y sabían que pronto estarían allí. Cuando Valls regresó al aeropuerto de Los Caños después de volar tres horas de combate lo esperaba el coronel Valdivia para felicitarlo por una mención presidencial. Valdivia le había comunicado a Batista los pormenores de la acción esa madrugada. Nos enorgulleció saber que nuestro compañero era congratulado por el presidente. Las operaciones de combate continuaron diariamente en lugares como Cuneira, La Lima, Naranjo, Altos de la Victoria, San Antonio e Imías.

 Un día que salí de Imías en el Piper Tri-Pacer FAE-32 la radio microonda de Guantánamo me comunicó que un ganadero había reportado que supuestos rebeldes le habían robado más de cien reces. Me dirigí al área señalada y vi a dos hombres y dos mujeres arreando una manada grande por un camino vecinal hacia Altos de la Victoria donde estaba el campamento guerrillero. Volé bajito y le dije al artillero que disparara una ráfaga de ametralladora al aire lo cual causó que el ganado corriera despavorido en todas direcciones. El artillero y yo nos reímos de aquel espectáculo durante el resto del vuelo a Los Caños.

El 18 de junio de 1958, la compañía de infantería del teniente afrocubano Pino, padre de mi gran amigo Juan Pino Valdés, pidió auxilio al ser atacada en Altos de la Victoria desde varios ángulos. Recibí órdenes de emergencia de prestarles asistencia y partí rápidamente de Los Caños en el Piper Tri-Pacer FAE-32 con el artillero González, un soldado del Campamento Columbia. El coronel Valdivia también envió tres B-26 y un F-47 al área. Fui el primero en sobrevolar una loma de unos 2,000 pies de altura con muy poco monte. En un abra profunda vi el camino por donde debían pasar los soldados. Me comuniqué con ellos por radio y me informaron de su situación e indicaron dónde estaban localizadas las ametralladoras del enemigo. Volé a muy poca altura y vi a los rebeldes en una trinchera de piedra. Me dispararon una ráfaga de la cual dos balazos impactaron el radio microonda, impidiéndome escuchar transmisiones. Cuando di el segundo pase, me comuniqué con el B-26 FAE-913, piloteado por Agustín Piñera Machín, el jefe del grupo. Le advertí que mi radio no recibía comunicación y le pedí que si me escuchaba meneara las alas en reconocimiento. Después que lo hizo le dije que me iba a clavar en picada hacia donde estaba atrincherado el enemigo para atacarlos. Durante la bajada el artillero González iba disparando la ametralladora calibre 30 y al subir vuelo sentí que una granizada de balas, veintisiete en total, impactaron al avión.

Los plomos atravesaron la tela interior del Piper Tri-Pacer, una pana con muchos pelitos, que se esparcieron como una nube de polvo dentro de la cabina. González me dijo que estaba gravemente herido en varios lugares. Tenía perforaciones en el muslo derecho, el brazo izquierdo y el dedo de una mano le colgaba de un hilo de piel. Le dije que yo también estaba herido al ver un trozo de carne grasienta sobre mi pierna cuya sangre se escurría por mi traje de vuelo de nylon. Comencé a esculcarme todo el cuerpo sin encontrar herida alguna. Entonces realicé que la masa sangrienta que tenía arriba era parte del muslo del artillero. Tuve un breve momento de turbación mental antes de comenzar a chequear el avión y sus instrumentos. Vi que un gran chorro de gasolina salía del tanque derecho. Minutos antes, yo había cambiado la mayoría del combustible del tanque izquierdo para el otro lado, excepto cuatro o cinco galones que fueron los que me sirvieron para regresar a Los Caños. Al comenzar a fallar el motor cambié la gasolina para el otro tanque haciendo inminente el peligro de fuego. Sin embargo, en estos casos Dios da poder de decisión y ecuanimidad para tener valor. González me advirtió que de su mano brotaba mucha sangre y le dije que se inclinara hacia delante y la pusiera sobre mi hombro. La sangre me chorreó por el cuello y el mal olor mezclado con el vapor de la gasolina me tenía mareado. Pensé por momentos que perdería el conocimiento pero gracias a Dios no sucedió.

Traté de comunicarme con los aviones B-26 por si caía en esa zona pero no me copiaban debido a mi radio averiado. El capitán Piñera desde su B-26 observó mi avión botando gasolina y lo informó a la base. Al acercarme al aeropuerto de Los Caños vi que un Douglas C-47 de Cubana de Aviación venía de frente para aterrizar al lado opuesto de la pista. Le lancé al cuartelito militar un tubo con un mensaje diciendo que traía un herido y pidiendo que alzaran las banderas rojas de peligro en la pista. A pesar que se desplegaron los estandartes de no aterrizaje, el C-47 continuó hacia mí. Yo no podía acelerar porque la gasolina saliente caería sobre el tubo de escape y hubiera provocado una explosión. Ambos aviones continuamos acercándonos de frente uno al otro. Como la pista era de 151 pies de ancho, decidí desplazarme hacia un lado para evitar un choque frontal. Aterrizamos a la misma vez y nos detuvimos a corta distancia.

El capitán médico Orlando Domínguez corrió a mi avión e inmediatamente le puso al artillero un torniquete en el brazo herido y le amputó el dedo destrozado antes de bajarlo del avión con la ayuda del coronel Valdivia. Lo cargaron hasta un auto con su fémur izquierdo fracturado e inmediatamente le dieron otros primeros auxilios antes de conducirlo al hospital. González se comportó con gran valor y ecuanimidad, como ningún otro hombre que yo vi en operaciones. Esa experiencia me acostumbró al olor de la sangre y no me dieron más mareos en otras misiones que rescaté a heridos en combate.

Antes de revisar las averías a mi avión me dirigí al piloto de Cubana de Aviación, Francisco Martínez Malo,[30] y le grité maldiciones por casi provocar un desastre aéreo al ignorar las banderas de no aterrizaje. Me pidió disculpas y dijo que no obedeció la señal porque pensó que era una broma. Me asignaron el Piper PA-18 FAE-21 de dos asientos mientras mi avión tomó un mes en repararse.

El combate de Altos de la Victoria terminó en un revés grande con la muerte del teniente Pino, varios heridos y las averías a mi avión. Me enojé al ver el parte oficial del Estado Mayor del Ejército al día siguiente falsamente anunciando que la acción fue una gran victoria para el Ejército. Señalaba que hubo tres rebeldes muertos, cosa que no se pudo comprobar al igual que tampoco las bajas de nuestra parte. Los partes de guerra que emitían eran nebulosos.

Continué volando frecuentemente a la pista de tierra de Imías para llevar correspondencia oficial del cuartel Moncada o recoger algún enfermo o pasajero militar. Un día salí de Imías con mi artillero para llevar al jefe del puesto, el sargento Jonas Delgado,[31] y un soldado a Los Caños. El sobrepeso no dejaba que el Piper Tri-Pacer FAE-32 levantara vuelo adecuadamente, ya que el avión iba a menos de 30 mph y lo informé por radio a la base. No podía girar en el aire porque se desplomaría el avión y el sargento

---

[30] Francisco Martínez Malo era el capitán de un vuelo de Cubana de Aviación de Santiago de Cuba a La Habana que hizo escala en Cienfuegos el 8 de diciembre de 1960. Cuatro anticastristas trataron de secuestrar el vuelo hacia Miami pero el piloto hizo un aterrizaje forzoso en un cañaveral. Esto provocó una balacera en la que murió un pasajero y Martínez Malo quedó mortalmente herido. Los cuatro asaltantes fueron capturados y fusilados dos días después. Esa misma noche los anticastristas detonaron una bomba en la residencia del piloto en La Habana, mientras su viuda y dos hijos estaban en el funeral. Otro hijo, Mario Martínez Malo, estaba en Miami y el 6 de enero de 1961 llegó a Guatemala para entrenarse con la Brigada 2506 para la invasión de Bahía de Cochinos.

[31] El sargento Jonas Delgado defendió cuatro ataques contra el cuartel de Imías el 14 de noviembre de 1958. Al rendirse la guarnición, el comandante rebelde Félix Pena Díaz le dijo a su ayudante: «Devuélvale la pistola a este mulato que es un cojonudo.»

notó que corríamos peligro. Tuvimos suerte que subimos suficiente altura hasta que las ruedas jorobaron el cogollo de una palma al final de la pista. Bajé la nariz del avión para tomar velocidad y llegamos a Los Caños quince minutos después.

El general de brigada Carlos «Winsy» Tabernilla Palmero[32] me recibió en la pista y dijo que había escuchado mi transmisión de vuelo por radio. Me indicó que mi error fue despegar con cuatro personas de sobrepeso en pista de tierra que es más difícil que en una de asfalto. Tabernilla me preguntó mi opinión sobre el piloto Raúl G. Vianello Alacán.[33] Le dije que Vianello siempre daba en el blanco cuando yo operaba con él. El brigadier me respondió: «Eso es lo que yo quería saber. Tengo su ascenso de primer teniente a capitán en el bolsillo y cuando llegue a La Habana se lo voy a entregar. Yo lo había retenido por ciertas cosas que me habían dicho, pero te agradezco que me aclaraste la situación.» Tabernilla me dijo que yo había actuado bien en Altos de la Victoria y me preguntó mi opinión al respecto. Le contesté que yo no estaba de acuerdo con el informe publicado en la prensa que decía que hubo tres rebeldes muertos y no mencionó las bajas militares. Tabernilla puso su mano sobre mi hombro y dijo: «Eso se va a resolver. Estamos trabajando en eso.» Poco después quitaron al comandante Policarpo S. Chaviano Álvarez de jefe del Negociado de Prensa y Radio del Ejército.

La zona de Guantánamo se convirtió en un gran peligro cuando los militares comenzaron a ser emboscados. Las autoridades tenían permiso de no parar sus vehículos ante las señales de

---

[32] Carlos «Winsy» Tabernilla Palmero (junio 14, 1921-octubre 13, 2009), natural de Guanabacoa, se alistó en el Ejército el 20 de diciembre de 1939. Era segundo teniente piloto aviador en 1945 y renunció con su hermano Silito cuando su padre fue forzosamente retirado. El 10 de marzo de 1952 fue ascendido a capitán y dos meses después era teniente coronel e Inspector General de la Fuerza Aérea del Ejército (FAE). Nombrado jefe de la FAE el 27 de mayo de 1955 y general de brigada a partir del 5 de diciembre de 1957. Salió al exilio el 1 de enero de 1959 y se estableció en Palm Beach, donde falleció.

[33] Raúl G. Vianello Alacán posteriormente ingresó en la Brigada 2506 y murió en combate en Playa Girón.

tránsito para evitar ser blanco de los francotiradores. En una ocasión que estuve en Guantánamo, el capitán Próspero J. Chaumont Stincer[34] me invitó que lo acompañara con otros dos oficiales a una cena en el Hotel Washington, en la esquina de las calles Calixto García y Emilio Giro, que nos ofrecía José «Pepín» Pintado Pírez,[35] de 40 años de edad, dueño de la Mueblería Pintado y de un aserradero. Cuando pasamos frente al parque Martí en el jeep que manejaba el capitán, desde la azotea de un edificio un francotirador nos disparó dos balazos que rompieron el parabrisas. Chaumont, de 32 años de edad, no se conmovió, dijo que esos ataques eran comunes allí, y que no iba a perseguir al agresor porque sería perder el tiempo y llegaríamos tarde a la cena.

Al llegar a Guantánamo los nuevos reclutas, apodados «casquitos,»[36] eran sonsacados por mujeres colaboradoras de los rebeldes para que las acompañaran fuera de la ciudad donde eran apuñaleados. Los soldados que custodiaban dentro de los autobuses eran agredidos con una mandarria de 25 libras por atrás de la cabeza para quitarles su fusil. A eso se dedicaba William Soler con solo quince años de edad. En una ocasión el capitán médico Orlando Domínguez me pidió urgente por radio el uso de mi avión en que yo llevaba la correspondencia a Moa. Aterricé en el antiguo aeropuerto de Guantánamo, que tenía pista de tierra, donde el doctor me esperaba con un herido grave en camilla a quien le estaban suministrando suero. Era un casquito joven, que parecía un niño, que

---

[34] Próspero Julio Chaumont Stincer (marzo 15, 1926-abril 5, 1991) el 1 de enero de 1959 salió de Manzanillo en un yate y fue a parar a Managua, Nicaragua, partiendo el 9 de julio de 1959 a Miami, donde luego falleció.

[35] José «Pepín» Pintado Pírez (enero 4, 1917-marzo 6, 1976) residía en la Calle Calixto García No. 1066 en Guantánamo y era dueño de una avioneta Piper Cub. Posteriormente salió al exilio donde falleció en Miami.

[36] Casquitos era el apodo de los nuevos reclutas que estaban en el Servicio Militar de Emergencia. El mote surgió porque usaban nuevos cascos de fibra y acero, como los del Ejército norteamericano, en contraste a la Guardia Rural que tenían sombrero de paño de ala ancha. Durante las elecciones de 1944, tropas de infantería uniformados de verde olivo y casco custodiaron los colegios electorales en Oriente. En Victoria de las Tunas y Holguín las muchachas los apodaron casquitos.

estuvo de guardia nocturna en la planta eléctrica en el centro de Guantánamo. Me quedé atónito cuando vi que le habían golpeado la cabeza con una mandarria y le dieron diecisiete puñaladas por la espalda con una bayoneta comando para arrebatarle su fusil Garand. El médico me dijo: «Este es uno de los tantos crímenes que se cometen aquí. El soldado había terminado la guardia y una muchacha lo invitó a tomar café a su casa. Así los engañan para matarlos.» En el cuartel Moncada la bandera estaba permanentemente a media asta en duelo con tres o cuatro uniformados en la capilla de velorio diariamente que eran asesinados indiscriminadamente. Las barbaridades como esta que cometían los rebeldes incrementaban la represión de las autoridades en forma de círculo vicioso.

Me asignaron a volar sobre el Segundo Frente Oriental rebelde al norte de Guantánamo y la zona de Fidel Castro al oeste desde Santiago de Cuba hasta Contramaestre. Allí se presentaron duros y sangrientos combates como en Ramón de Guaninao, Songo lo Songo, Dos Palmas, Palma Soriano, Puerto de Moya, San Luis, La Maya, Alto Songo, La Prueba, San Benito, los centrales Baltony y Ermita, El Cristo y Puente de Lajas. Este puente sobre el río Cauto era el límite de la zona de la estación central A-4 de radio comunicaciones del Ejército que controlaba toda la provincia de Oriente. La planta, con su enorme antena, estaba en los Altos de Quintero, al norte de Santiago de Cuba, donde un destacamento de diez soldados cuidaba el edificio.

Nuestras operaciones militares les hicieron la vida difícil a las tropas rebeldes y ellos optaron por la nueva estrategia de secuestrar a diez ingenieros civiles estadounidenses de la empresa minera Freeport Sulphur Company en Moa y a once Marines y dieciocho marineros de la base naval norteamericana de Guantánamo. Cuando los militares recibían permiso de salida de la base iban en sus autobuses a la ciudad de Guantánamo donde muchachas bellas atendían los bares. El viernes, 28 de junio de 1958, unos cincuenta guerrilleros de Raúl Castro tendieron una emboscada cerca del Central Los Caños al autobús que salió de la base a las 9:25 P.M. con los veintinueve militares. El secuestro sorprendió a los servicios de inteligencia de la base quienes solicitaron nuestra ayuda. El general Eulogio A. Cantillo Porras,[37] jefe de los 3,000 hombres del Regimiento No. 1 en el cuartel Moncada, me ordenó que al día siguiente a las siete de la mañana acompañara a un comandante de la Marina de Guerra norteamericana en un vuelo de observación.

A la hora citada el oficial norteamericano llegó al aeropuerto Antonio Maceo en un Beechcraft T-34. Tenía unos 35 años de edad, hablaba español, y desplegó un mapa para que yo le indicara donde quedaba Abra de Mariana, Imías y Playitas. Lo acompañé en dos vuelos y no encontramos nada. Después me enteré que los autobuses secuestrados estuvieron escondidos en una nave de la hacienda Baitiquirí, una finca muy grande y moderna de Octaviano Navarrete Parreño. El piloto me dijo que los rehenes corrían un gran peligro porque los comunistas solo piensan en su objetivo y buscaban la gran publicidad que recibieron de la prensa internacional. El último día que acompañé al norteamericano me dijo que solo íbamos a observar la zona de Imías a Baracoa. Al regresar al

---

[37] Eulogio Amado Cantillo Porras (septiembre 13, 1911-septiembre 8, 1978) natural de Mantua, Pinar del Río, se graduó de bachiller en 1928 y fue agrimensor hasta alistarse en el Ejército el 3 de octubre de 1933. Al año era sargento e ingresó en la Escuela de Cadetes en septiembre de 1937. Graduado a los tres años de segundo teniente y destinado al Regimiento 7 de Artillería. En 1942 ascendió a primer teniente y tomó cursos de artillería de costa y antiaérea en EE.UU. donde fue agregado al Regimiento 602 de Artillería Antiaérea en Long Island, NY. Al siguiente año era capitán de una compañía de armas pesadas. Después de dos cursos adicionales en EE.UU. fue nombrado director de la Escuela de Cadetes en 1947. Ascendió a comandante por oposición en 1948 y al siguiente año fue nombrado jefe del Cuerpo de Aviación, con el grado de teniente coronel, y miembro del Tribunal Superior de Guerra. En 1951 obtuvo el rango de coronel y tras el golpe de estado de Batista fue nombrado ayudante general del Ejército con el grado de general de brigada. En 1954 fue jefe de la División de Infantería y dos años después fue miembro del Estado Mayor Conjunto del Ejército. Recibió el rango de mayor general el 3 de diciembre de 1957. De abril a agosto de 1958 fue representante del Estado Mayor Conjunto en la Zona de Operaciones de Bayamo y pasó a ser jefe de operaciones en la Zona de Santiago de Cuba desde septiembre hasta diciembre 31, 1958. El dos de enero de 1959 fue arrestado y luego sentenciado a cuatro años de presidio por un Tribunal revolucionario. Sin embargo, lo mantuvieron encarcelado hasta el 20 de abril de 1967. Salió a México el 17 de abril de 1968 y un mes después llegó a Miami, donde luego falleció.

aeropuerto de Santiago de Cuba lo invité al Aero Club bar restaurante. Allí le pregunté si volvía al día siguiente y me dijo que si Fidel Castro no entregaba a los rehenes en veinticuatro horas, las tropas de la Organización de Estados Americanos (OEA) se encargarían de todo. Raúl Castro soltó a los veintinueve estadounidenses después de tres semanas y fueron recogidos cerca del pueblo de Puriales por helicópteros de la base naval durante cuatro días consecutivos. El vice-cónsul estadounidense en Santiago de Cuba, Robert D. Wiecha,[38] agente de la CIA en dicha ciudad desde septiembre de 1957, fue enviado por su jefe de la CIA, Robert D. Chapman, al campamento rebelde y negoció el acuerdo con Raúl Castro. Tad Szulc, en su biografía de Fidel Castro, señala que la CIA proveyó más de $50,000 al Movimiento 26 de Julio. Quizá este fue el pago por el rescate. Nunca volví a ver al piloto norteamericano.

Temprano en la mañana del 7 de julio, el general Alberto del Río Chaviano me ordenó que volara al capitán Roberto Franco Lliteras al cuartel de Moa donde iba a entregar unos sobres con informes militares. Allí me quedé esperando en el aeropuerto y cuando Franco regresó escuchó a un piloto de Cubana de Aviación decirme como había acabado de ver el desastre aéreo de un PBY Catalina 72 anfibio de la Marina de Guerra en la pista de Central Preston. El avión quedó envuelto en llamas, con cinco tripulantes muertos y cuatro heridos. Franco quedó tan impresionado con el relato que se fue a un bar y comenzó a emborracharse. Después de una hora le avisé que yo tenía que regresar a Santiago de Cuba, pero me dijo que él era mi superior y que yo no podía irme hasta que él no lo autorizara. Le recordé a Franco varias veces más que teníamos que regresar pero no fue hasta las cuatro de la tarde, cuando estaba bien embriagado, que decidió volver. Poco después me llamó al aeropuerto Antonio Maceo el coronel del Río Chaviano para que me presentara en su despacho. Allí me preguntó por qué me había demorado en regresar, ya que Franco le había dicho

---

[38] Robert D. Wiecha le entregó $50,000 de la CIA al Movimiento 26 de Julio en Santiago de Cuba. También le facilitó equipo de comunicaciones a los rebeldes. Wiecha estuvo asignado en Santiago de Cuba hasta junio de 1959.

que yo me había desaparecido. Le respondí que trajera a Franco frente a mí para relatar los sucesos, ya que yo no hablaba tras las espaldas de los hombres y menos de un militar. El coronel echó a reír y me dijo que ya se imaginaba lo que pasó.

Después del embargo de armas estadounidense a Cuba, se sospechó que la base naval de Guantánamo prestaba asistencia clandestina a los rebeldes. En una ocasión, Pedro Bacallao Fonte y yo vimos desde el aeropuerto Antonio Maceo a dos helicópteros norteamericanos volando bajito paralelo a la costa rumbo oeste. El comandante Benigno Díaz Doval[39] lo notificó a la jefatura de la Fuerza Aérea en La Habana y el jefe del Estado Mayor, el general Pedro A. Rodríguez Ávila,[40] le ordenó por radiofonía que mandara los B-26 del capitán Ramón T. Alonso Guillot y el teniente Luis Buría Acosta que forzaran el aterrizaje de los helicópteros en Santiago de Cuba. Díaz me pidió que fuera su copiloto en un Douglas C-47 para seguirlos. Acercándonos al caserío de Chivirico, en la costa Sur de la Sierra Maestra, después de las siete de la noche, vimos que desde los helicópteros bajaban lo que parecían cajas de fusiles Garand. Los helicópteros huyeron rápido con las luces apagadas en dirección sur sobre el mar. El comandante Díaz decidió ir a la base naval para protestar, pero cuando pidió permiso por radio para aterrizar en McCalla Field se lo negaron. Minutos después, pasada las ocho de la noche, vimos cuando los dos helicópteros que perseguíamos llegaron allí. Díaz, con su acento español, le dijo al

---

[39] Benigno Díaz Doval (octubre 21, 1912-agosto 5, 2009) nació en Cádiz, España, y a los 17 años de edad emigró a Cuba. Graduado de la escuela de aviación militar en 1939, tres años después diseñó y construyó en Camagüey el avión CUT-143 «Estrella Errante.» Llegó a la Florida el 18 de julio de 1960, donde trabajó en Sekman Aviation y como electricista en Bertram Yachts en Miami, ciudad donde luego falleció.

[40] Pedro A. Rodríguez Ávila (mayo 13, 1906-febrero 1983) natural de Amarillas, Matanzas, ingresó en el Ejército el 16 de abril de 1935. Era primer teniente el 10 de marzo de 1952, cuando fue ascendido a coronel y a general de brigada a fin de año. Nombrado teniente general y jefe del Estado Mayor del Ejército en enero de 1958. Acompañó a Batista a República Dominicana el 1 de enero de 1959 y luego fue a Miami el 25 de abril de 1960. Allí se naturalizó estadounidense el 6 de septiembre de 1972, y falleció en dicha ciudad.

oficial de la torre de comunicaciones que le avisara a su jefe que «estaba comiendo cascaritas de caña porque sus helicópteros le estaban suministrando armas a los comunistas.»

Durante los ocho meses que estuve en operaciones, jamás supe de ninguna ayuda de la base de Guantánamo a nuestro Ejército. Al contrario, cuando fui enjuiciado el comandante rebelde Antonio Michel Yabor Justi nos dijo al capitán Manuel Iglesias Ramírez y a mí que ellos habían adquirido gasolina de 110 octanaje de la base naval de Guantánamo mientras que la nuestra era inferior de 90 octanaje. Cuando le hizo falta a la guerrilla unas planchas de acero muy difíciles de conseguir se las pidieron a la base y enseguida se las mandaron a la pista clandestina en Cananova, Mayarí Arriba. Estoy seguro que cubanos empleados en la base cooperaron con los rebeldes al igual que hicieron los agentes de la CIA.

El 16 de agosto, un avión Aero Commander 506A piloteado por Charles William Hormel[41] y Guillermo Verdaguer Boan,[42]

---

[41] Charles William Hormel (febrero 5, 1914-julio 13, 1987) natural de Dayton, Ohio, era un mercenario que había cumplido presidio en cinco diferentes estados por robo, hurto de autos, narcóticos y otras violaciones. El 29 de octubre de 1948 se casó en segundas nupcias con la divorciada Raquel María Ferro Morejón (julio 22, 1909-junio 19, 1999) de Pinar del Río. En octubre de 1958, Hormel fue arrestado en Gran Caimán con un avión repleto de armas. Al siguiente mes fue detenido en Ocala, Florida, con tres automóviles que contenían dos ametralladoras antiaéreas calibre 50, cuatro ametralladoras Thompson, 65 rifles de diferentes marcas y 15,000 balas. Hormel se divorció en 1980 y fue a residir en San José, Costa Rica, donde falleció de causas naturales.

[42] Guillermo Ramón Verdaguer Boan (febrero 12, 1923-diciembre 7, 1999) y su hermano gemelo Roberto nacieron en Trinidad, Las Villas. Ambos llegaron a Miami el 31 de marzo de 1957 en un vuelo con Calixto Sánchez Whyte, ex secretario general de la Federación Aérea Nacional, y los tres recibieron asilo político. Semanas después, Guillermo se casó con Nydia Vilma Cabrera y se divorciaron a los dos años. Roberto volvió a Cuba el 1 de enero de 1959 y piloteó el avión que llevó la expedición de Pedro Joaquín Chamorro a Nicaragua en junio de 1959. Ambos hermanos regresaron a Miami en un avión de carga de Cubana de Aviación el 14 de abril de 1961, pidiendo asilo político. En 1963, Guillermo participó en la Operación Makasi de la CIA con otros pilotos cubanos exiliados combatiendo a la guerrilla comunista de Ernesto «Che» Guevara en el Congo. Tres años después, contrajo matrimonio con Marta B. Loynaz y se divorciaron en enero de 1971.

de 35 años, quedó sin gasolina durante un vuelo y cayeron en la bahía de Guantánamo dentro de la base naval. Fueron rescatados por un pescador y se refugiaron en la base donde residían 5,000 norteamericanos, la mitad militares y el resto sus familiares. Cuando la marina sacó el avión del agua ocuparon el pasaporte de Hormel, otro que usaba Verdaguer con el seudónimo Enrique José Cobrey Santario, y la bitácora de vuelo indicando que salieron de Miami tres días antes. También encontraron 25 subametralladoras Thompson, y 39 brazaletes rojinegro y amarillo con el número 13 del Directorio Revolucionario. Guillermo estuvo una semana en la base y salió a Guantánamo con el carnet y uniforme de una compañía de construcción. En la ciudad lo reconoció un casquito que había sido su vecino en Santiago de las Vegas. Verdaguer negó su identidad pero el soldado lo arrestó y Edelso Rodríguez lo llevó en el De Havilland Beaver FAE-31 al vivac de Santiago de Cuba. Verdaguer tenía juicio pendiente ante el Tribunal de Urgencia por traficar armas al salir libre el 1 de enero.

Hormel se presentó en la embajada estadounidense el 22 de agosto y admitió que ese fue su vigésimo octavo vuelo a Cuba llevando armas y municiones a los rebeldes en la Sierra Maestra y la Sierra Cristal. Afirmó que la previa semana había llevado 100 rifles M-1 y 30,000 balas a Fidel Castro en la Sierra Maestra. El contrabando de armas a los rebeldes incrementó ese año con la complicidad de los gobiernos de Venezuela y Costa Rica y envíos desde la Florida y de Belice por los hermanos Eugene y Michael Maestre.

En julio, actué durante dos días como práctico en el Sikorsky H-19 que piloteaba el segundo teniente Emilio Mas Machado. Le llevamos alimentos y municiones a una compañía que protegía el acueducto de Yateritas que abastecía de agua potable a la base naval norteamericana de Guantánamo,[43] a siete millas de distancia, y a otra compañía que estaba sitiada por los rebeldes frente a una

---

[43] El Yateritas Aqueduct Company, presidido por José M. «Pepín» Bosch, también dueño de la destilería Bacardí, bombeaba 4 millones de galones de agua diarios a la base naval y se la vendían a 24 centavos por cada mil galones.

loma en Cuneira. Al descender el helicóptero, desde un cañaveral nos dispararon un fuego nutrido que hizo siete impactos de bala y averió el rotor. Al día siguiente fuimos a recoger una llanta ponchada de un carro blindado T17 que estaba en Alto Songo pero la rueda no cupo por la puerta del helicóptero. Al regresar a Santiago de Cuba, solo quedábamos tres pilotos de enlace. El nuevo jefe del aeropuerto, reemplazando a Edelso Rodríguez, era el capitán Wilfredo F. Mas Machado, de 43 años de edad, que era muy valiente y honesto. El 25 de julio, el Ejército notificó al comandante de la base naval norteamericana que retiraban las tropas que protegían el acueducto de Yateritas. Los Marines estadounidenses protegieron la estación durante una semana hasta que el departamento de Estado los quitó bajo protesta de los rebeldes que alegaron que era una violación de la soberanía nacional. El Ejército entonces regresó al puesto y la guerrilla reanudó su táctica de dispararles con francotiradores todas las noches.

En agosto, el comerciante Teófilo Babún Franco nos regaló a los tres pilotos de enlace un avión Piper PA-20 Pacer que estaba en el aeropuerto Antonio Maceo cuando compró un Cessna 180. Llevé el avión a los talleres de la FAE en La Habana para reparación y allí se quedó hasta que los rebeldes tomaron el poder.

En septiembre de 1958, la guerrilla colocó una ametralladora calibre 30 en el campanario de una iglesia abandonada en Dos Palmas con la que atacaron el pequeño cuartel, ubicado en las lomas entre Palma Soriano y El Cobre, cerca de Charco Mono, la represa que suministra agua a Santiago de Cuba. En el cuartelito sólo había una docena de soldados y ocho paramilitares de los Tigres de Masferrer.[44] El sargento a cargo pidió armas y hombres de refuerzo porque eran asediados todas las noches.

---

[44] Los Tigres de Masferrer era el apodo de las Milicias Anti-Comunistas Campesinas lideradas por el senador Rolando Masferrer Rojas. El mote surgió cuando las milicias ocuparon el cuartelito del Uvero tras el combate del 28 de mayo de 1957. Masferrer arrió la bandera militar del 4 de septiembre de la asta y la reemplazó con la bandera del equipo de béisbol los Tigres de Marianao para indicar la evacuación del Ejército.

Una mañana temprano sobrevolé el cuartel pero no respondieron a mi comunicación de radio ni había señal de vida. A las diez de la mañana repetí la misión con igual resultado. Se lo informé al jefe de operaciones de Santiago de Cuba, José Luis «Lalo» Cañizares Valdivia,[45] quien determinó que los rebeldes habían tomado la posición. Tres o cuatro días después, dichos soldados, cuyo radio microonda fue destruido por un balazo, colocaron sobre el techo de zinc del cuartel una sábana con letras rojas S.O.S. pidiendo auxilio. Francisco Chappi Yáñez, copiloto de un Douglas C-47 de correo que pasaba por esa ruta, lo vio e informó por radio al aeropuerto de Santiago de Cuba. El reporte fue transmitido al Estado Mayor en La Habana, que ordenó al batallón del comandante Félix Aizpurúa Miñoso que fuera a evacuar Dos Palmas, lo cual se realizó con éxito.

Mis primeros cuatro meses como piloto de enlace en la provincia de Oriente me permitieron presenciar los crímenes de los rebeldes y los errores de estrategia y mando del Ejército en su lucha contra el comunismo. En corto tiempo me hice un experto aviador volando hasta doce horas diarias, con misiones de combate peligrosas, estuve bajo fuego rebelde y sobreviví un accidente aéreo con el teniente Campbell en Guantánamo y otros percances. Ayudé en la búsqueda de los marineros y civiles norteamericanos secuestrados por Raúl Castro, aunque desde la base naval de Guantánamo ayudaban a nuestro enemigo.

---

[45] José Luis «Lalo» Cañizares Valdivia (marzo 20, 1909-junio 11, 1970) nació en Unión de Reyes y se graduó de la academia militar en 1935. Fue reemplazado como jefe de Guantánamo por Arcadio Casillas Lumpuy. Cayó preso en la conspiración de Trinidad de 1959 y fue sentenciado a nueve años de presidio. Falleció en La Habana.

CAPÍTULO II

Buscando al hombre del bandolión

A las diez de la noche del 10 de septiembre de 1958, recibí un teletipo ordenándome ir inmediatamente a Camagüey para recoger al capitán Manuel A. Molinero Castillo, el jefe de los pilotos de enlace en la provincia, para sustituirlo. Molinero fue herido de bala en el brazo derecho el día anterior cuando volaba su Piper PA-22 Tri-Pacer FAE-36 con el teniente coronel Armando Suárez Suquet sobre la Columna No. 8 «Ciro Redondo» de Ernesto «Che» Guevara. La guerrilla estaba escondida en el batey de la enorme finca La Federal de Remigio Fernández Blanco, a media milla de la división entre las provincias de Camagüey y Oriente. La bala que hirió a Molinero le cortó la línea de la gasolina al avión y tuvo que aterrizar a nueve millas de distancia en la pista aérea del cuartelito del Central Francisco que había sido construida por el Ejército hacía pocos años.

En la Federal había ocho soldados quienes en la madrugada del día nueve entablaron combate con los rebeldes que primero les cortaron los cables telefónicos. Tres soldados murieron, cuatro fueron capturados y uno escapó para dar aviso. La guerrilla tuvo dos muertos, incluyendo el capitán Marcos Borrero, y tres heridos. El capitán norteamericano Herman Frederick Marks,[46] el tercero al

---

[46] Herman Frederick Marks, nacido en Milwaukee el 1 de agosto de 1921, de padres inmigrantes polacos, tenía una larga hoja criminal de 32 arrestos por robo de autos, asalto, hurto y conducir embriagado. El 12 de enero de 1952, fue sentenciado a cuatro años de presidio por tener relaciones sexuales con una menor de edad y abusado de ella. Renunció a la Marina Mercante estadounidense para unirse a la guerrilla castrista en diciembre de 1957. En enero de 1959, Ernesto Guevara lo designó para dirigir los pelotones de fusilamiento en la fortaleza de La Cabaña y luego continuó su macabra labor en el castillo del Príncipe. En lugar del tiro de gracia, Marks vaciaba su pistola en el rostro del ejecutado para que no lo recono-

mando de la columna rebelde, resultó herido en un tobillo. El comandante Orlando Enrizo Martínez, del Batallón 11 del teniente coronel Ángel Sánchez Mosquera, fue el primero en acudir a La Federal con su tropa. Luego llegó un segundo refuerzo de sesenta hombres al mando del comandante Domingo Piñeiro Curnow,[47] ayudante de Suárez Suquet, y tras una escaramuza los rebeldes se retiraron a un cercano monte de árboles altos.

Fui a recoger el Piper Tri-Pacer de Molinero al Central Francisco con el teniente Rafael Cabrera quien lo llevó al aeropuerto de Camagüey. Cuando aterricé allí a las 11:15 p.m., un sargento me dijo que el coronel Víctor M. Dueñas Robert[48] me solicitaba urgentemente. Dueñas me saludó con mucho afecto cuando entré en su oficina y me preguntó a cuál hora yo estaba disponible para volar al día siguiente. Le respondí que a las 5:00 a.m. El coronel me asignó al artillero de Molinero, el competente sargento Francisco Javier Batista Agüero, una gran persona de 63 años de edad, quien conocía toda la provincia de Camagüey. Salimos de vuelo temprano hacia el caserío de Cuatro Compañeros y el cercano Monte Forestal donde Dueñas me había pedido que investigara cualquier movimiento rebelde.

La columna de Guevara se dirigía al mismo lugar con un práctico improvisado a las cinco de la madrugada del domingo, 14 de septiembre, por un terraplén junto a la línea del tren en dirección al Central Santa Marta en Santa Cruz del Sur. El capitán Agustín

---

cieran sus familiares. En mayo de 1960, Marks huyó de Cuba con su amante Jean Secon secuestrando un yate de pesca que los llevó a México, pasando a Estados Unidos dos meses después. Su ciudadanía norteamericana fue revocada por haber sido oficial militar de otra nación pero no hubo país que aceptara su deportación. El 14 de agosto de 1965, Marks fue arrestado en Nueva York por acosar a Secon.

[47] Domingo Piñeiro Curnow fue sentenciado a 30 años de presidio en 1959.

[48] Víctor Manuel Dueñas Robert (abril 15, 1912-agosto 28, 1992) natural de Matanzas, se graduó de la Escuela de Cadetes el 15 de julio de 1941. Era capitán el 10 de marzo de 1952 y ascendió a teniente coronel tras el cuartelazo. Fue supervisor de la Cárcel de La Habana en 1954 y dos años después jefe del Regimiento 2 de la Guardia Rural. Nombrado coronel el 5 de diciembre de 1957. Fue sentenciado a diez años de presidio por un Tribunal revolucionario el 29 de mayo de 1959. Falleció en Miami, donde fue guardia de seguridad en un banco.

Torres Hernández, jefe del Escuadrón 21 de la Guardia Rural, preparó una emboscada con un sargento y ocho soldados en una curva del camino bloqueando con un tractor el puente de tablones sobre un arroyo. Al llegar los rebeldes en varios camiones y no dar la contraseña correcta les abrieron fuego. La columna de Guevara abandonó un camión con dos minas, ropas, monturas, cazuelas, sacos de correspondencia, varias mochilas, el diario de campaña del Che, y un libro de Lenin editado en Rusia, que me reafirmó los ideales comunistas de los jefes rebeldes. El libro lo había enviado un médico cubano radicado en Miami y su envoltura tenía la dirección de la señora Penichet en Bayamo, quien parece se lo hizo llegar a Guevara antes que partiera a Camagüey. La mochila de un miembro del PSP en la columna contenía documentos comunistas de dicha organización. Los papeles fueron presentados por el mayor general Francisco Tabernilla Dolz en conferencia de prensa para demostrar la ideología marxista de los rebeldes.

Otra mochila abandonada contenía una libreta con los nombres de todos los guerrilleros, su dirección, y las armas, balas y pertrechos de toda la columna. La correspondencia estaba en un saco de azúcar junto con el diario de Guevara, que consistía de dos libretas, que después me quedé leyendo hasta las dos de la mañana. El jefe guerrillero se quejaba en su diario de los camagüeyanos diciendo que casi todos eran latifundistas y que no lo favorecían. Escribió que los campesinos en las zonas ganaderas no tenían conciencia social y los delataban al Ejército. Guevara relató que el día anterior tuvieron que matar una yegua para comer porque en muchos lugares donde les prometieron comida y dinero no lo hicieron.

Ese mismo día 14, sobrevolé la posición de los rebeldes en el Piper Tri-Pacer FAE-32 desde las seis de la mañana y mi artillero ametralló la sabana y los pequeños montes frente a la línea del tren. Después leí en un libro castrista que Guevara y su guerrilla me habían disparado pero no le dieron a mi avión. Una hora después llegaron de Camagüey un F-47 Thunderbolt y dos B-26 que ametrallaron el área y dejaron caer varias bombas sin causar bajas al enemigo.

Cuando aterricé a las 6:30 p.m. en el aeropuerto de Camagüey me sorprendió ver muchos aviones militares y transportes de Cuba Aeropostal y del Expreso Aéreo. Había cambios en el alto mando militar debido a la penetración rebelde en Camagüey. El general de brigada Alberto del Río Chaviano pasó a la Jefatura de Las Villas siendo sustituido en el Distrito Militar y la Jefatura de las Operaciones en Oriente por el mayor general Eulogio Cantillo Porras. Hacía cinco meses que Cantillo desempeñaba el cargo de Jefe de Operaciones de Bayamo. El coronel Dueñas fue relevado como jefe del regimiento de Camagüey por el coronel Leopoldo Pérez Coujil.[49]

El Distrito Militar de Camagüey se dividió en dos zonas: El teniente coronel Alberto del Valle Díaz fue designado jefe de la Zona 1 que incluía a los Escuadrones 25 y 26 de la Guardia Rural. La Zona 2 la dirigía el teniente coronel Armando Suárez Suquet y comprendía los Escuadrones 21, 22, 23 y 24 de la Guardia Rural. En el aeropuerto militar de Camagüey había cuatro pilotos de B-26, tres de F-47 Thunderbolt, dos Lockheed T-33, el piloto Rafael Lima del helicóptero Sikorsky H-19 además del teniente Carlos Canals Rabasa y yo de pilotos de enlace. El comandante Domingo Piñeiro Curnow era el jefe suplente de operaciones en la provincia.

Pérez Coujil me dijo esa noche que mi jefe inmediato era el teniente coronel del Valle y que había asignado a Canals en su Piper Tri-Pacer FAE-39 a vigilar la Zona 2 al norte de la Carretera Central. Canals me pidió que cambiáramos de asignación, ya que

---

[49] Leopoldo H. Pérez Coujil (abril 24, 1910-octubre 28, 1990) ingresó en la Marina de Guerra el 14 de noviembre de 1928 y el 16 de octubre de 1933 se licenció para alistarse en el Ejército. El 10 de marzo de 1952 ascendió de primer teniente a coronel y jefe del Regimiento 4 de la Guardia Rural. Fue nombrado vicepresidente ejecutivo del Buró para la Represión de las Actividades Comunistas (BRAC) el 20 de septiembre de 1956 y pasó a ser jefe del Regimiento 7 de la Guardia Rural el 8 de noviembre de 1957. Posteriormente fue designado jefe del Servicio de Inteligencia Militar (SIM) el 24 de marzo de 1958, sustituyendo al coronel Carlos Cantillo González, antes de pasar a la jefatura de Camagüey. Abandonó su mando en la noche del 31 de diciembre, acompañado de su jefe de policía Agustín «Bebo» Lavastida Álvarez, para unirse a Batista en la huida a Santo Domingo. Falleció en Miami.

Suárez Suquet fumaba en el avión y le molestaba el humo del cigarrillo. Le respondí que solo lo haría bajo órdenes superiores. Canals fue a ver a del Valle quien le dijo que estaba muy contento conmigo y le negó el traslado.

El 15 de septiembre aterricé con el artillero Batista en la pista de tierra de la arrocera Cadenas, a dos millas al oeste de La Forestal. El terreno estaba inundado con doce pulgadas de agua que la hélice salpicó rápidamente. Del lado opuesto de la arrocera estaba la Compañía 96 de la FAE del capitán Serafín Suárez a quienes les entregué su correspondencia. En la bodeguita al final de la pista estimo que había algún rebelde fugitivo vestido de civil ya que cuando Batista y yo entramos los allí presentes estaban muy aprehensivos. Regresé al avión y me comuniqué por radio con el primer teniente Lázaro Castellón Martínez, instalado en el caserío de La Forestal con veinticinco hombres. Me dijo que el enemigo se había dispersado de Cuatro Caminos e internado en un cercano monte.

Volé a Camagüey bajo órdenes de recoger al teniente coronel del Valle y lo llevé en el Piper PA-22 Tri-Pacer FAE-36 al terraplén de la finca La Federal. Allí conversamos con el comandante Enrizo, de veintiocho años de edad, quien había tomado dos cursos el previo año en la Escuela de las Américas del Ejército estadounidense sobre táctica y armas de infantería. Después nos dirigimos al Central Macareño, cerca de la costa sur de Camagüey, donde había un pequeño cuartel de la Guardia Rural al mando del subteniente Jorge A. Martínez Chaviano. Los guardias rurales no mantenían la disciplina de campamento y no saludaron militarmente al teniente coronel. Del Valle los llamó a todos y los asustó diciéndoles que los rebeldes estaban muy cerca y que debían tener mucho cuidado de no dormirse porque los iban a masacrar.

Salí del Central Macareño con del Valle y mi artillero en vuelo rumbo a Santa Cruz del Sur, donde estaba mi amigo Lázaro Frigola, capitán de la Marina de Guerra. Al día siguiente, volamos a primera hora al Central Francisco, donde un oficial nos informó que acababan de arrestar a Pedrito Plaza, repartidor de carne del Central Francisco. La noche anterior Plaza había trasladado a la guerrilla de Guevara en su camión Chevrolet cerrado desde afuera de La Federal hasta el monte Francisco. Plaza mintió al insistir que no pertenecía al Movimiento 26 de Julio y que lo obligaron bajo amenaza a conducir a los rebeldes en varios viajes nocturnos. Llevé a Plaza en mi avión con del Valle y el artillero Batista y nos señaló el área del monte Francisco donde dejó a los rebeldes. Del Valle asignó a Plaza como práctico de la Compañía B-1 del capitán Oscar Alfonso-Carol Armand.[50]

La guerrilla de la Columna No. 11 «Cándido González» del capitán Jaime Vega Saturnino,[51] que cubrían la retaguardia de Guevara, tendieron una emboscada en la colonia de caña Corea 3 en el camino del Central Francisco a San Miguel. Colocaron una mina de 25 libras donde el ferrocarril atravesaba el terraplén. Tres camiones de la compañía del capitán Alfonso-Carol repletos de soldados transitaban por dicho camino cuando detonó la mina al pasar el primero. La explosión mató al chofer, al informante Plaza y a un soldado que iba en la cabina, arrojando el motor del camión a unos cien pies de distancia. La tropa tuvo cuatro heridos cuando la guerrilla les disparó desde el cañaveral. Los soldados ripostaron y le dieron candela a la caña, lo que forzó la retiraba de los rebeldes hacia el Central Macareño.

A las tres de esa tarde, el teniente coronel Alberto del Valle Díaz me pidió que lo llevara a avisarle al capitán Serafín Suárez que moviera su fuerza a Macareño. Al llegar a la pista de tierra y hierba fina del Central Francisco el piloto fumigador Florencio Gómez me advirtió que no volara porque venía una tormenta con vientos cruzados. Debido a la urgencia de nuestra misión, despegué con el teniente coronel en el asiento de copiloto. Un aire fuerte me dificultó girar al oeste porque los controles estaban endurecidos.

---

[50] Oscar Alfonso-Carol Armand (julio 4, 1932-) se asiló en Miami el 5 de octubre de 1959. En 1963 participó en la Operación Makasi de la CIA con otros cubanos exiliados combatiendo a la guerrilla comunista de Ernesto «Che» Guevara en el Congo.
[51] Jaime Vega Saturnino era veterano del Ejército norteamericano y participó en la guerra de Corea. Cumplió presidio por conspirar contra el régimen castrista y luego falleció en Miami.

Del Valle trató de asistirme y súbitamente agarró el timón. Le di un manotazo en el pecho y le grité «suéltalo, coño, que nos matamos.» Estaba lloviendo a cántaros cuando aterrizamos en Santa Cruz del Sur. El teniente coronel después chisteaba que era la primera vez que un subalterno lo había golpeado.

Dejamos el avión amarrado en el aeropuerto de Santa Cruz del Sur. El teniente Bello, jefe del Escuadrón, nos consiguió prestado un Chevrolet de 1957 del dueño de una farmacia para nuestro regreso a Camagüey. Del Valle iba manejando y llegando a la cuidad nos detuvo una posta cosaca frente a la fábrica de embutidos La Catedral. Un Guardia Rural viejo y barrigón se acercó al carro y preguntó de dónde veníamos y quiénes éramos. El teniente coronel, cuyo uniforme lo cubría una capa impermeable, le dijo: «Yo soy el jefe de la zona, el teniente coronel del Valle y venimos de regreso de Santa Cruz del Sur.» El guardia ripostó, «Por aquí no ha pasado ningún teniente coronel para Santa Cruz del Sur. Bájate, que tú eres un comemierda que me quiere tomar el pelo.» El coronel se apeó, se quitó la capa, y le dijo: «Ponte vivo, que el que está comiendo mierda eres tú y los rebeldes te van a matar por no hacer las cosas bien.» Seguimos rumbo al cuartel riéndonos del incidente durante el resto el viaje. Al día siguiente regresamos a Santa Cruz del Sur en una hora en el Chevrolet para tomar el avión e ir al Central Francisco.

En Santa Cruz del Sur, del Valle ordenó al capitán Serafín Suárez que se trasladara lo antes posible con su Compañía 96 de Infantería a la zona del Central Macareño. La tropa llegó tarde, a las once de la noche, porque no tenían camiones de transporte. El jefe del cuartel, el subteniente Jorge A. Martínez Chaviano, le indicó a Suárez un lugar aislado para colocar sus hombres. Suárez estimó que aquello no tenía sentido operacional y sospechó que el subteniente colaboraba con los rebeldes. Desplazó su tropa en el cruce del ferrocarril y el camino vecinal en dirección al batey de Pino No. 3 del Central Macareño. Los soldados se situaron cerca de un transbordador de caña y como a las 2:00 a.m. del 28 de septiembre varios vehículos se aproximaron. Era la columna rebelde de Jaime Vega con 119 hombres en un Chevrolet 1954 negro y cinco camiones Jeep. Suárez ordenó a sus hombres a no disparar sus carabinas M-1 y rifles Springfield hasta que él lo hiciera primero con su carabina. Cuando la tropa abrió fuego contra los camiones algunos rebeldes corrieron en la oscuridad hacia la línea de fuego y cayeron batidos. Allí murieron 18 rebeldes, tres heridos mortalmente que luego aparecieron en el cañaveral bajo el vuelo circular de los buitres, once fueron capturados y el resto se retiró hacia su punto de partida en Pino No. 4. La Compañía 96 no tuvo bajas.[52]

    El capitán Suárez condujo a los rebeldes heridos al hospital del batey del Central Macareño y tres médicos le firmaron el recibo de entrega. Eso lo salvó de que los rebeldes no lo fusilaran posteriormente. Pérez Coujil primero se comunicó con el presidente Batista para informarle la situación y luego le dio una orden a Suárez Suquet de ejecutar a los prisioneros. El teniente coronel se la pasó al capitán Suárez, quien se negó a cumplirla diciendo: «Soy un tigre en combate y un caballero cuando se rinden.» El sargento de la Guardia Rural Francisco Lorenzo Otaño[53] se encargó de aniquilar a todos los presos lanzando granadas dentro del camión donde los habían transportado a la Caobita y luego los remató a tiros. Yo fui con el teniente coronel del Valle desde Camagüey hasta Pino No. 3 en un jeep por carretera el día después del combate. Vi los cadáveres amontonados al lado del trasbordador de caña antes que los depositaran en una fosa común del cementerio del Central Macareño. Casi todos vestían el uniforme que usaban los conductores de autobús.

    Poco después de este incidente, me vino a ver el piloto de fumigación Florencio Gómez quejándose que le habían llegado dos

---

[52] Las compañías 96 y 97 de la FAE tuvieron 16 muertos durante nueve meses de campaña en 1958: Feliciano Sotolongo, Dagoberto Balado, William Salazar, Lázaro Gallardo, Clemente Fernández Casilla, Juan Vázquez Mora, Diego Olivera, Israel Hernández Rodríguez, Osvaldo Rodríguez, Juan Gualberto Rodríguez Castillo, Israel Guerra, Guillermo Sosa, Máximo Piedra Suárez, Orlando Ramos Otaño y Pedro Gutiérrez Álamo.

[53] Francisco Lorenzo Otaño fue fusilado por los rebeldes en Camagüey el 11 de febrero de 1959.

hélices de avioneta que compró en Estados Unidos pero que el inspector de Aduana en Camagüey le exigía $200 para entregarlas. Esta corrupción gubernamental existió en todos los gobiernos. Fui con Gómez a la Aduana, exigí los papeles de recibo, y obligué que entregaran la mercancía sin cobrar un centavo. Al salir de allí Gómez me ofreció $50 por ayudarlo pero no se lo acepté.

En aquellos días fui asignado a recorrer todas las mañanas la costa sur de la provincia de Camagüey y por la tarde la costa norte para tomar las licencias de las barcazas y detectar cualquier movimiento sospechoso de posible desembarco de armas. Diariamente sobrevolaba la ciénaga en la costa sur de Camagüey para tratar de detectar el rastro de los rebeldes que por la noche marchaban rumbo oeste por esa zona. Cuando volé bajito sobre el área de Monte Malo, al norte del embarcadero de Santa María, noté que en la ciénaga de Laguna Baja el enemigo había dejado un rastro de mochilas, frazadas, mosquiteros y zapatos. La huella se veía fácilmente por debajo de un puente de la línea del ferrocarril ya que eran muchos hombres y dejaban en el agua una vía ancha y limpia de las hojas de malaguetas. El rastro lo pude seguir como a diez cuadras lo cual no era fácil porque parte era por tierra firme. La zona no tenía monte y los rebeldes se escondían en las arroceras o bajo pequeñas palmas. Rápidamente le comuniqué por radio a todos los oficiales que tenía localizada a la guerrilla.

El coronel Leopoldo Pérez Coujil, quien diariamente estaba en su despacho en el cuartel de Ciego de Ávila desde las cinco de la mañana, me respondió que localizara al capitán de la Guardia Rural Lázaro Castellón Martínez,[54] que operaba en esa

---

[54] El capitán Lázaro Castellón Martínez, natural de Placetas, Las Villas, ingresó en el Ejército en 1928. Sirvió como soldado, cabo y sargento instructor en el cuartel de Managua antes de graduarse como oficial en la Escuela de Cadetes. Fue jefe de puesto en Jatibonico, Florida, Céspedes, Morón, Nuevitas y Guaímaro en Camagüey. El cuartel Agramonte fue el último que se rindió por orden del Estado Mayor y Castellón entregó la plaza al comandante rebelde Víctor Mora. Cuando Huber Matos ocupó el regimiento, Castellón fue sometido a un juicio revolucionario acusado de que tropas a su mando habían asesinado a Alfredo Álvarez Mola, miembro de la columna de Camilo Cienfuegos, en la finca San Miguelito de Najasa, el 5 de noviembre de 1958. Estando preso, redactó el folleto «Luz en las tinieblas» dedi-

zona, para que inmediatamente fuera a dicho lugar. Cuando me enteré que Castellón estaba a unas cinco millas de los rebeldes, se lo notifiqué a Pérez Coujil. Me dijo al medio día que le ordenara al comandante Policarpo S. Chaviano Álvarez trasladarse con su Escuadrón 23 de la Guardia Rural desde el caserío de Los Negros hasta Laguna Baja en cuatro vagones motorizados del ferrocarril que estaban disponibles. El coronel me llamaba cada cinco minutos para saber si Chaviano había emprendido la marcha. Al comandante seguir demorándose, el exasperado Pérez Coujil me dijo que le transmitiera una orden que contenía una serie de vulgaridades y palabras ofensivas denigrando su hombradía. Al comunicárselo por radio al comandante Chaviano, me contestó indignado: «¿Qué me dice Ud.?» Le respondí que repetía textualmente una orden verbal que me había dado el coronel para él. Chaviano llegó al lugar asignado a las cinco de la tarde, tras una demora de cuatro horas, por una ruta de solo treinta minutos. Al día siguiente Pérez Coujil acusó a Chaviano de cobardía ante el enemigo y lo tuvo detenido por una semana en el cuartel antes de transferirlo a Guantánamo.

Cerca de Laguna Baja acampaba hacía días el capitán Eduardo Ferrer con una compañía del Campamento de Columbia que fue enviada por el Estado Mayor para establecer allí varias emboscadas desde Ciego de Ávila hasta Santa María. Nunca supe por qué Pérez Coujil no mandó primero a la tropa de Ferrer a perseguir a los rebeldes. Ferrer fue en su jeep a recoger los objetos descartados por la guerrilla en la ciénaga. Cuando se lo informé a Pérez Coujil me pidió que lo recogiera enseguida en Ciego de Ávila y lo llevara ante Ferrer. Cuando iba con el coronel a Laguna Baja le pregunté por radio a Ferrer donde podía bajar y me indicó una vereda de carretas en un cañaveral cercano a su campamento. Al aterrizar sobre el camino agrietado una rueda del Piper

---

cado a su logia masónica de Jatibonico. Antes de ser fusilado en Guanamaquilla el 26 de febrero de 1959, escribió una carta a su madre diciendo: «No te avergüences de tu hijo. Mis manos están tan limpias como el día que me pariste; tu vientre ni Félix Castellón podían dar un hijo asesino.»

Tri-Pacer se desvió por una zanja y la hélice salpicó la tierra con fuerza hasta detenernos. No nos accidentamos de milagro. Pronto llegó el capitán Ferrer, un hombre alto, quien saludó al coronel y le dijo que le tenía una mala noticia: La guerrilla había atravesado por el medio de la Laguna Baja la noche anterior. Ferrer nos demostró lo que sacó del agua que incluía una camisa, una frazada, una mochila con veinte balas calibre 30, un mosquitero y un zapato roto.

La tropa de Guevara logró evadirse tras capturar a dos miembros del Servicio de Inteligencia Militar (SIM), el cabo Juan Trujillo Medina y el soldado Cruz, quienes bajo amenaza de muerte les sirvieron de guía. Los dos hombres conocían bien la zona, por lo que el capitán Rosales, jefe del escuadrón de la Guardia Rural de Ciego de Ávila, los había enviado disfrazados de montero[55] a investigar cualquier anomalía. Los agentes encubiertos iban muy temprano durante cinco días en un camión hasta una finca cerca del Central Vertientes. De allí salían montados a caballo a recorrer la zona y alguien que los reconoció los delató a la guerrilla. Pérez Coujil me dijo que Rosales cometió un grave error en mandarlos porque eran conocidos en esos predios. El coronel estaba muy molesto cuando no se supo de ellos y me comentó: «Mejor sea que estén perdidos porque si están en manos de los rebeldes, los hacen pedacitos.»

Ernesto Guevara relató el incidente en su libro *Invasión a Occidente*, publicado a principios de 1959 y sacado de circulación por su elogio a la combatividad del Ejército y la aviación. Guevara escribió que una mañana le dijeron que había dos jinetes del Ejército recorriendo una finca cercana a ellos. Envió a William Gálvez Rodríguez con un grupo para detenerlos e interrogarlos. Gálvez encontró en el forro de sus botas los carnets del SIM. Cuando los detenidos se negaron a hablar, Guevara ordenó que los ahorcaran allí en un árbol de algarrobo y los enterraran. Los prisioneros rápi-

---

[55] En las haciendas de ganado el oficio de montero consistía en recorrer a caballo los montes y bosques buscando reses extraviadas, muertas, enfermas o vacas paridas.

damente confesaron que sabían dónde estaban situadas todas las compañías del Ejército y prometieron facilitarles el paso por la provincia de Camagüey. Uno de ellos señaló por donde podían salir del cerco militar y ambos sirvieron de vanguardia amarrados con cadenas. Tarde en la noche del 2 de octubre, los 140 hombres de la guerrilla de Guevara cruzaron por el medio de la Laguna Baja, de unos 3,000 pies de ancho con cenagales de agua marina, cerca del monte Los Marineros. Los dos prisioneros terminaron uniéndose a la tropa rebelde.

Nos enteramos por un informante que la columna de Guevara después de pasar dicha laguna estaba en un monte cercano. Pérez Coujil me ordenó que le dijera al capitán Oscar Alfonso-Carol, quien estaba con su Compañía B-1 en una arrocera cerca del río Jatibonico del Sur, que persiguiera a los rebeldes. A pesar de repetidos mensajes, el capitán, de 26 años de edad, no respondió hasta dos días después y dijo que no había contestado porque su radio estuvo averiado. Estimo que no lo hizo para evitar entrar en acción.

Dos días antes hubo otro incidente de un oficial militar que no quiso combatir al enemigo. Una guajira le señaló al capitán González Lemus las dos casas en Marroquí, Camagüey, donde estaban escondidos una multitud de guerrilleros de la Columna No. 2 «Antonio Maceo» de Camilo Cienfuegos Gorriarán. El capitán, de unos sesenta años de edad, estaba bebiendo ron de su cantimplora cuando le dijo al sargento José Ramón Gutiérrez Vinajera que no iba a investigar ya que él cuidaba a su tropa y no entraba en combate. González Lemus entonces retiró su compañía a Ciego de Ávila donde el sargento lo denunció al coronel Pérez Coujil. Le dijo que averiguara lo que había en la cantimplora y eso lo diría todo. González Lemus fue arrestado por abandonar su puesto y remitido a San Antonio de los Baños.

Todas las noches yo pasaba a reportar a la oficina de operaciones del cuartel de la Guardia Rural que estaba en la Carretera Central a la entrada de Ciego de Ávila. Allí el coronel Pérez Coujil me felicitaba por la labor que yo realizaba para coger al «hombre del bandolión,» como le decía al «Che» Guevara. Me dijo que si yo localizaba a la guerrilla y los atrapaban me iba a recompensar con $15,000 del presidente Batista. Pérez Coujil, el teniente coronel Armando Suárez Suquet y yo pernoctábamos en el dormitorio de oficiales del cuartel. El coronel tenía mucha esperanza de acabar con la guerrilla de Guevara y si no es por los dos soldados que le sirvieron de guías por la laguna, los hubiéramos liquidado.

Suárez Suquet después le siguió el rumbo a la guerrilla en un Piper Tri-Pacer piloteado por Romelio Cartas Fernández y acompañado de un artillero. Llevaban una docena de granadas sin espoletas en pomos de cristal que al lanzarlas estallaban al envase estrellarse en tierra. Ese método, empleado en la Segunda Guerra Mundial, lo inició el teniente Ángel Álvarez Castillo. Era un gran peligro portar esas granadas porque si el avión daba un tumbo se podía romper el cristal y causar detonación. Durante el último vuelo de Suárez Suquet a fin de año, el artillero al tirar la granada perdió dos dedos de su mano y una esquirla hirió al teniente coronel en la frente, por lo que fue remitido al Hospital Militar de La Habana.[56] El jefe de operaciones en Oriente, José Cañizares Valdivia, previamente me había enviado una caja de granadas dentro de vasos de cristal para que yo las tirara pero rechacé hacerlo. Cuando el coronel del Río Chaviano me cuestionó al respecto, le expliqué el gran peligro que eso significaba para tanto el piloto como el avión y estuvo de acuerdo conmigo.

El 4 de octubre, llegaron de La Habana al aeropuerto de Camagüey 15,000 volantes con proclamas para tirarle a la guerrilla diciendo que si se entregaban no serían procesados por la justicia ni se tomaría represalias contra ellos. Las hojas, de 18 pulgadas de

---

[56] Armando Suárez Suquet fue arrestado por los rebeldes en La Habana y trasladado a Camagüey donde fue ejecutado el 5 de marzo de 1959 en el campo de tiro de la policía. Hay varias versiones que fue fusilado en una silla de ruedas, en un taburete o en una camilla, porque no podía pararse debido a la herida en la cabeza. Sin embargo, uno de sus ejecutores, José Dionisio Suárez Esquivel, aseguró al Dr. Antonio de la Cova que el teniente coronel estaba sano cuando fue pasado por las armas después que dejó de fingir locura y pidió que le facilitaran un uniforme militar.

largo, estaban firmadas por el Estado Mayor del Ejército. Canals y yo volamos dos o tres días seguidos lanzando los papeles por el área donde se desplazaban los rebeldes. El teniente coronel Suárez Suquet envió un escrito al jefe del distrito y a los jefes de las unidades subordinadas exponiendo el máximo esfuerzo para exterminar a la guerrilla que decía era financiada por el ex presidente Carlos Prío y por el Kremlin.[57]

Cinco días después, fui a Camagüey a echarle combustible al Piper Tri-Pacer y mientras esperaba en el restaurante Pan American frente al aeropuerto conversé con el primer teniente Héctor «El Loquillo» González Hernández. Le dije que el motor de mi avión peligrosamente fallaba diez revoluciones. El Loquillo tomó mi avión para probarlo y al regresar me comentó que si no lo reparaba me iba a matar y él llevaría mi cadáver a Calabazar. Al día siguiente, el 10 de octubre, cuando yo volaba sobre la finca Bolsillo de Pina en Palo Alto observé al borde del monte un grupo de caballos ensillados amarrados a los árboles y una columna de humo donde cocinaban en el campamento de Guevara. Los caballos se los había dejado la tropa rebelde de Camilo Cienfuegos cuando ellos se adelantaron en vehículos motorizados. Le comuniqué el hallazgo a Pérez Coujil quien me dijo que pidiera dos B-26 para bombardear la posición. Llamé al jefe de la patrulla aérea de Camagüey, el comandante Luis M. González Rojas, quien me notificó que los B-26 estaban en operaciones por Oriente pero tenía un jet Lockheed T-33 disponible que enviaría enseguida.

Como a las dos de la tarde se apareció El Loquillo González piloteando el T-33 FAE-705 y me pidió por radio que identificara el lugar donde estaban los rebeldes. Mientras se lo comunicaba, vi que el jet al tirarse en picada a 2,500 pies de altura estalló en el aire. El paracaídas descendió envuelto en llamas y los restos del avión cayeron en un lugar cenagoso, cubierto de agua con ma-

---

[57] Armando Suárez Suquet estuvo correcto al decir que la guerrilla era financiada por el ex presidente Carlos Prío Socarrás y el Kremlin. En un juicio civil en Miami en 1974, Prío dijo bajo juramento que le había dado $2.5 millones a Fidel Castro (*Miami Herald*, abril 6, 1977).

laguetas y mangles altos, en Palo Alto, entre Santa María y Monte Malo, a diez kilómetros de El Escribano. El grueso del fuselaje se esparció por un área de 400 pies cuadrados, en pequeños pedazos de aluminio, ninguno más grande de doce pulgadas. El calor del fuselaje dejó el agua burbujeando y emitiendo vapor.

    Reporté el suceso por radio al coronel Pérez Coujil quien me preguntó si el piloto estaba vivo y le dije que no se veían sus restos. El sargento Rafael Becerra Alba organizó a un grupo de rescate de ocho hombres de la FAE que fueron a caballo al lugar del accidente al siguiente día. No pudieron sacar el cadáver porque estaba amarrado al asiento dentro del fuselaje a catorce pies de profundidad en el pantano. Los rescatadores regresaron a la siguiente mañana en el Sikorsky H-19 piloteado por el capitán Rafael Lima y lograron extraer los restos del Loquillo González y regresarlo a la base de Camagüey. Allí el médico militar capitán Santisteban me preguntó cómo fue el accidente. Le expliqué que el T-33 llevaba una bomba de 250 libras, fabricada en el Campamento de Columbia después del embargo de armas norteamericano, con un defectuoso alambre de tropiezo para activar la espoleta mecánica que arma la bomba. La espoleta tiene una hélice que, por acción del viento, al ser lanzada gira cierta cantidad de vueltas antes de detonar. Cuando el T-33 iba en picada se rompió el alambre y estalló la bomba.

    Santisteban me dijo que prepararía el cadáver, aunque le sería emocionalmente muy difícil, ya que, debido a su gran amistad con el fenecido, tendría esa aflicción el resto de su vida. Ayudé a bajar del helicóptero los restos de González que tenían mal olor después de tres días. El cuerpo estaba muy hinchado, le faltaba el brazo izquierdo y la pierna derecha, la cara estaba inflamada y le faltaba la parte de atrás de la cabeza. Todavía llevaba su chapa de identificación y una medalla de la Virgen de la Caridad del Cobre apretada entre los dientes. El occiso tenía amarrado el arnés del paracaídas con la parte posterior achicharrada. El médico le quitó la cadena de oro del cuello y le dejó la medalla en la boca. Al cortarle las fajas, el cadáver reventó y salpicó al doctor Santisteban. Yo soporté aquello junto al médico porque Héctor fue un gran amigo mío y tenía planes para casarse con Nancy de la Cerda en Calabazar. El comandante Luis E. Pérez Escandón,[58] de 34 años de edad, llegó a la una de la tarde de La Habana en un Douglas C-47 para recoger los restos de su amigo y regresarlo a la capital. Mientras esperaba que lo trajera el helicóptero, el comandante le dio veinte pesos a un guardia rural para que comprara una corona de flores y ponérsela al ataúd, pero el mensajero se esfumó con el dinero.

Luego le relaté al teniente Pablo J. Ors Pina, de 29 años de edad, como vi el T-33 desintegrarse en el aire. Me preguntó si yo estaba seguro que la bomba había estallado ya que el Estado Mayor emitió un parte de prensa diciendo que la turbina se incendió. Le expliqué como sucedió y me dijo que si lo ordenaban a tirar una de esas bombas defectuosas se negaría a hacerlo e iría preso. Dos semanas después, el comandante González Rojas ordenó a Ors que lanzara una bomba en Cieneguilla, como a cinco millas de Manzanillo, donde los rebeldes tenían una pista de aterrizaje clandestina que surtía a la guerrilla en la Sierra Maestra. Allí había quedado un avión Curtiss C-46 Commando con el tren de aterrizaje averiado que Pedro Díaz Lanz[59] llevó de Costa Rica con armas. Ya que

---

[58] Luis Evelio Pérez Escandón (junio 21, 1924-septiembre 9, 1989), natural de Güira de Melena, se asiló en Miami el 11 de septiembre de 1960, donde posteriormente falleció.

[59] Pedro Luis Díaz Lanz (julio 8, 1926-junio 26, 2008) natural de La Habana e hijo de un alto oficial del Ejército Constitucional cubano hasta 1930. Cursó estudios como mecánico de aviación y en 1946 comenzó como copiloto de Aerovías Q. Tras llevar varios vuelos de armamentos a la Sierra Maestra, Fidel Castro lo nombró jefe de la Fuerza Aérea Revolucionaria el 4 de enero de 1959 y lo destituyó cinco meses después. El 14 de julio de 1959 testificó ante un comité del Congreso estadounidense donde denunció a Fidel Castro como comunista. El 26 de octubre de 1959, con Frank Sturgis de copiloto, volaron sobre La Habana tirando miles de proclamas denunciando a Castro. Ambos falsamente acusaron al Dr. Orlando Bosch de ser comunista cuando fue arrestado en 1968. Se naturalizó ciudadano estadounidense el 1 de octubre de 1971. Díaz Lanz cayó en la miseria, se convirtió en un fanático evangelizador, y se suicidó en Miami tras vivir desamparado. Tres hermanos murieron trágicamente anteriormente: Jorge se suicidó en Miami en 1976; Esther María fue asesinada a puñaladas durante un robo en su

González era muy querido por la tropa, Ors le dijo, «por el único que yo tiro esa bomba es por ti, porque yo no lo iba a hacer.» A Ors le pasó lo mismo en un F-47 Thunderbolt que al Loquillo González. La bomba reventó al romperse la espoleta cuando iba en picada y parte del fuselaje cayó arriba del C-46 y lo destruyó. Lo único que encontraron de Ors fue un trozo de su quijada en el campo. La Radio Rebelde falsamente reportó que la guerrilla había derribado el avión.

El domingo 12 de octubre salí de Ciego de Ávila con mi artillero, el sexagenario sargento Francisco Javier Batista Agüero, para patrullar sobre el río Jatibonico del Sur, que dividía las provincias de Camagüey y Las Villas. En la orilla oeste detecté una chalana amarrada a un palo con una soga que se extendía a una palma al otro lado del río, por Paso Viejo, a seis kilómetros de El Jíbaro. Por allí pasó la guerrilla de Guevara y dejó un rastro de movimiento hacia la finca El Toro en Las Villas. Se lo comuniqué a Pérez Coujil quien me dijo que ya esa responsabilidad le tocaba al regimiento de Santa Clara, a quienes les pasó la información. Después de más de una hora de vuelo, aterricé en el Central Jatibonico donde estaba acampada la compañía de infantería del teniente Manolo Blanco Navarro[60] con varias postas de emboscada en el río Jatibonico del Sur. El teniente coronel Suárez Suquet le había dado una orden al capitán Alfonso-Carol que se presentara con su Compañía B-1 en El Jíbaro pero no la cumplió y tomó rumbo al estero Juan Hernández. Cuando emprendí vuelo, mi Piper Tri-Pacer FAE-32 comenzó a sacudirse al fallarle el motor y parecía que se iba a desmantelar. Le comuniqué a la torre de control de Camagüey que tenía que aterrizar pronto y regresé al Central Jatibonico. Blanco

---

apartamento en Miami Beach en 1986; y Guillermo se ahorcó en La Habana en 1998.

[60] Manuel Ángel Blanco Navarro salió al exilio en 1959, incorporándose a la Brigada 2506. Se infiltró en La Habana antes del desembarco de Playa Girón y se citó con su novia en un teatro. Blanco fue delatado por el primo de la novia y lo capturaron en el cine. Fue sentenciado a muerte el 21 de septiembre de 1961, y fusilado en la fortaleza de La Cabaña al día siguiente.

Navarro nos recibió e invitó ir al pueblo para tomar un jugo de caña que llamamos guarapo.

Después del refresco regresamos al avión como a las seis de la tarde y le pedí a Blanco una herramienta para quitar las bujías e inspeccionarlas, ya que el motor nunca me había fallado. Al extraer la segunda bujía vi que el electrodo estaba fundido. Las demás bujías eran buenas. El teniente me llevó a una tienda donde compré cuatro bujías Champion para automóvil. Luego lo acompañé a una casa del batey del Central Jatibonico donde me ofreció una hamaca de saco de azúcar como la suya para que allí pasara la noche. Como a las 8:30 p.m., el Capitán Serafín Suárez, jefe de la Compañía 96 de la FAE, se apareció para pedirme que lo acompañara a Ciego de Ávila por carretera en el Chevrolet negro que abandonó Jaime Vega. Suárez iba a consultar algo con el capitán Rosales, jefe del escuadrón de la Guardia Rural. El viaje nocturno era peligroso ya que los rebeldes merodeaban la ruta. Arribamos al escuadrón sin percance y pregunté si alguien conocía a un mecánico de aeronave. Me llevaron en jeep a la residencia del mecánico de un avión de fumigación quien me regaló una bujía Champion para motor Continental C75 como el mío. Regresé con Suárez al Central Jatibonico esa misma noche y dormí en la hamaca que me ofreció el teniente Blanco. A la mañana siguiente le cambié la bujía al motor, deseché las cuatro para automóvil que había comprado, y volví a Ciego de Ávila.

Una noche, el coronel Pérez Coujil me pidió que saliera en patrulla la próxima mañana más temprano de lo usual. Los dos pilotos de enlace teníamos a nuestra disposición el Pontiac 1956 de Adolfo Z. Águila Rojas,[61] capitán de la policía y auditor del regimiento de Camagüey. Me levanté a la cinco de la mañana y fui en el carro al aeropuerto a la salida de Ciego de Ávila. Al llegar vi que mi Piper Tri-Pacer FAE-32, con un piloto que no podía discernir,

---

[61] Adolfo Zacarías Águila Rojas (noviembre 8, 1914-agosto 9, 1999) natural de Las Martinas, Pinar del Río, llegó a Miami el 6 de abril de 1959, donde se naturalizó ciudadano norteamericano el 8 de agosto de 1970. Fue abogado en dicha ciudad y falleció en Sebring, Florida.

atravesaba la pista a gran velocidad. El avión chocó contra una cerca y la hélice cortó algunos alambres. El Piper dio un giro de 180 grados hacia donde había aviones y automóviles estacionados. El ala de mi avión rompió el timón vertical de la cola del Piper Tri-Pacer FAE-36 del teniente Carlos Canals. Siguió incontrolable hasta embestir un nuevo Chevrolet pisicorre verde y la hélice le destrozó el guardafangos. El piloto improvisado era el mecánico del teniente Canals quien me dijo nerviosamente: «Teniente le pido disculpas, fue un error mío, quería tenerle el avión listo para cuando llegara. Lo arranqué y sin querer con la rodilla metí el acelerador y salió a correr y no supe pararlo.»

Llamé a Pérez Coujil, le expliqué lo sucedido, y le pedí que no levantara causa contra el mecánico. El coronel accedió y envió al auditor capitán Águila para redactar el acta de accidente sin acusación. Sin embargo, cuando llegó Canals insistió en culpar al mecánico. Águila trató de disuadirlo y reportó el problema a Pérez Coujil, quien le dijo: «Procede como te diga el teniente Lazo.» El coronel me llamó para decir: «¡Bravo! Ya hablé con tu jefe y también con el presidente Batista y me dijo que resuelva como tú indicas para que el mecánico no tenga problemas.» El auditor omitió las quejas de Canals al redactar el reporte del accidente.

Esa misma mañana un mecánico civil cambió el timón vertical de mi avión y se lo puso al de Canals en menos de una hora sin cobrar por su labor. A las dos de la tarde llegó un Douglas C-47 militar del Campamento Columbia con dos mecánicos que portaban una hélice y un timón de cola. Repararon los dos aviones en cuatro horas y salí a probar ambos. Con el FAE-36 hice un saludo aéreo tirándome en picada sobre el cuartel de la Guardia Rural en Ciego de Ávila.

Mientras reparaban los aviones, Pérez Coujil me pidió que fuera a ver al dueño del Chevrolet averiado y le informara que el escuadrón le pagaría todos los daños. El coronel asignó a un soldado que me llevó en automóvil a la casa de Gerardo J. Vázquez Alvarado,⁶² el dueño del vehículo, quien residía frente a la Carretera Central, km. 464. Su esposa Sarah Benejam de Vázquez me recibió y cuando le expliqué por qué quería hablar con su marido me invitó a pasar. A los diez minutos se apareció Vázquez, de 48 años de edad, y me saludó afectuosamente. Me identifiqué como el piloto del avión que había dañado su auto. Al decirle cómo fue el accidente me dijo que él era piloto civil y que supo que fue el mecánico, «que quería ser un Charles Lindbergh, pero es un tonto.» Le informé que me había enviado el coronel Pérez Coujil para decirle que los gastos de reparación serían costeados por el escuadrón. Vázquez me respondió: «El hecho que el coronel te mandó a mi casa tiene diez veces más valor que lo que le sucedió al carro. Yo resuelvo esa avería sin ningún problema.» Le pidió a su esposa que trajera algo de comer pero le dije que no podía aceptar.

Vázquez me dijo que fue representante de la Cámara por el Partido Auténtico y después presidente del Partido Ortodoxo en Camagüey. Era dueño de tres arroceras y tres aviones Piper PA-18 Super Cub de fumigación. Añadió que tenía una buena situación económica y no se explicaba por qué el presidente Batista no pedía ayuda a la OEA para acabar con Fidel Castro, un abogado que no conocía nada de su oficio. Yo me quería ir y no me dejaba, hasta que finalmente le agradecí sus palabras. Vázquez me pidió que le comunicara al coronel que él era del Partido Ortodoxo, que políticamente estábamos en lados opuestos pero que, ante todo, él era cubano. Agradezco mucho la atención que tuvieron conmigo.

El 29 de octubre me comunicaron por teletipo desde el Campamento Columbia una orden del jefe de la Fuerza Aérea, Carlos «Winsy» Tabernilla Palmero, que relevara en Santiago de Cuba al capitán Wilfredo Mas Machado como jefe del aeropuerto y como interventor de la aerolínea civil Cubana de Aviación. Volé de Ciego de Ávila a Camagüey para recoger mis pertenencias y allí encontré en el aeropuerto al comandante Policarpo Chaviano tras-

---

⁶² Gerardo José Vázquez Alvarado (noviembre 28, 1909-noviembre 27, 1993) natural de Morón, Camagüey, falleció en Hialeah, Florida. Su hijo Miguel Vázquez Benejam con su esposa María son dueños de la tienda Sentir Cubano en Miami.

ladándose a Guantánamo, donde había mucha actividad rebelde. Al saludarlo militarmente no me respondió porque todavía estaba resentido que yo le había transmitido los insultos de Pérez Coujil. Cuando llegué al aeropuerto Antonio Maceo en Santiago de Cuba me recibió el capitán Mas y me dijo: «Tú mañana eres el jefe porque yo no duro aquí otras 48 horas.» Le pregunté: «¿Qué te pasa, no quieres que te maten?» Se echó a reír. El capitán tuvo una bronca con el coronel Cañizares Valdivia semanas antes y lo retó a un duelo armado en la pista 18. Mas inmediatamente fue enviado a La Habana donde le recomendó al general Tabernilla que me nombrara jefe del aeropuerto porque yo era el más capacitado.

El 1 de noviembre de 1958 comencé mi nueva labor. A las siete de esa mañana me dirigí en el Piper Tri-Pacer FAE-32 a San Luis, a veinte millas al norte de Santiago de Cuba, con el cabo Manfugás de Holguín como artillero. Desde la noche anterior, los rebeldes atacaban el cuartel de la Guardia Rural que defendía el teniente Vicente Camps Ruiz con veinte nuevos reclutas. Los guerrilleros disparaban con una ametralladora calibre 50, que había entregado el Batallón 18 de Quevedo, desde una ventana de la estación de ferrocarril. Cuando volé por el costado del cuartel mi panel de instrumentos indicó que la temperatura subía rápidamente y la presión se fue a cero. Un balazo perforó el cárter, rebotó contra el cigüeñal, y escurrió todo el aceite. Estimé imposible regresar al aeropuerto a más de 25 minutos de vuelo.

Le avisé a la central de comunicaciones Microonda A-4 en los Altos de Quintero que trataría de acuatizar en la bahía de Santiago de Cuba si se me fundía el motor antes de llegar. Me respondieron que la Marina de Guerra estaba avisada para rescatarme. Sin embargo, al sobrevolar la bahía, calculé que podía llegar un cuarto de milla hasta el aeropuerto Antonio Maceo. Antes que las ruedas tocaran la pista, a cincuenta pies de altura, se fundió el motor y la hélice se detuvo. El aterrizaje no tuvo problemas y los pilotos de enlace Carlos Valls y Francisco Campbell corrieron a felicitarme. Un pequeño remolque de Cubana de Aviación sacó el avión de la pista 18. Al día siguiente llegaron los mecánicos militares de La

Habana en un Douglas C-47 con otro motor Continental C75 para ponerlo en mi avión.

El teniente Valls enseguida se preparó para salir de vuelo a San Luis en el De Havilland Beaver FAE-31 con el artillero Emiliano Aponte. Le advertí que no bajara mucho porque el enemigo tenía gran poder de fuego. Valls dio un solo pase sobre la estación de ferrocarril y le dieron varios tiros en el ala y abajo del fuselaje. Una bala le arrancó una tira de cuatro pulgadas de la pantorrilla y le rozó la tibia derecha. Avisó por radio que estaba herido y regresaba a base, donde lo recibimos Luis Roque, Francisco Campbell y yo. Llevamos a Valls en un Ford Fairlane de 1957 con dos puertas que yo manejé hasta el Hospital Militar Saturnino Lora. Allí lo esperaba el teniente médico Santiago Somodevilla Parra quien, sin usar anestesia, con una tijera quirúrgica le cortó las hebras de carne. Valls gritaba adolorido y pidió una toalla que mordió mientras soportaba el tormento. Somodevilla le dijo que las curas de la guerra se daban sin sedativos. Al presenciar aquello le dije al médico: «Si a mí me lesionan no me atienda usted.» El herido inmediatamente fue trasladado en avión al hospital militar de La Habana donde permaneció.

El teniente Valls pronto fue sustituido por un piloto de enlace bisoño, el afable Víctor Pérez, sargento primero de una compañía de infantería de La Cabaña. Pérez llegó en un Piper Tri-Pacer con un moderno motor Continental C85, que tenía diez caballos de fuerza más que el mío. Le indiqué que me acompañaría en mi avión hasta que tuviera conocimiento de la zona. La propuesta le agradó a Pérez ya que tenía aprehensión de sobrevolar las lomas de Oriente después de entrenarse en los llanos de La Habana. Todas las noches yo tenía que reportar al departamento de operaciones en la capital el movimiento de los cuatro aviones de enlace, sus rutas y horas de vuelo. A los cuatro días de llegar Pérez, recibí un mensaje del coronel Felipe A. Catasús Pazos,[63] jefe de operaciones en La Habana, cuestionando por qué el Piper Tri-Pacer de Pérez no esta-

---

[63] Felipe Antonio Catasús Pazos (julio 6, 1917-enero 5, 2003) falleció en West Palm Beach, Florida.

ba en servicio. Le dije que el bisoño me estuvo acompañando ya que aún no tenía experiencia para volar solo en la zona. Catasús ordenó que Pérez emprendiera vuelo al día siguiente.

Cada uno de los cuatro pilotos de enlace en Santiago de Cuba teníamos un artillero. Conmigo volaba el mejor de ellos, el cabo Manfugás, y se lo asigné a Pérez. Les ordené que escoltaran la compañía de infantería que marchaba por un llano hacia el acueducto de Yateritas. Después que partieron la radio militar reportó a las 9: 30 a.m. que su Piper Tri-Pacer había sido derribado por los rebeldes en un cañaveral entre el Central Los Caños y San Antonio del Sur en el municipio de Guantánamo. El teniente Rogelio López,[64] segundo al mando de la compañía de Yateritas, luego me dijo que vio cuando cayó el avión. Al llegar al sitio, observó que Pérez tenía un balazo entre las cejas y los cadáveres estaban destrozados. López confirmó que uno de sus soldados le robó al cadáver de Pérez el reloj y la cartera. En contraste, el teniente coronel Arcadio Casillas Lumpuy me dijo que el avión fue accidentado y no derribado por la guerrilla. Nunca vi el reporte de los médicos forenses. El teniente coronel Rolando García Báez envió un Douglas C-47 para transportar a los dos muertos. Gestioné que dejaran los restos de Manfugás en Holguín donde estaba su viuda y familiares y el cadáver de Víctor Pérez fue llevado a La Habana. Meses después, la viuda de Pérez me dijo que en la última carta que recibió de su esposo le decía que estaba muy contento porque yo lo trataba como él nunca esperó de un jefe.

Estando yo una tarde en el aeropuerto de Palma Soriano, el capitán Narciso Campos Pontigo, el sexagenario jefe del escuadrón de la Guardia Rural, me pidió que llevara a su novia a Santiago de Cuba para que se hospedara en un motel. La muchacha tenía 17 años de edad y era muy bonita. Al ella sentarse en mi avión me insistió que le pusiera el cinturón de seguridad por arriba del busto.

---

[64] Rogelio López (diciembre 30, 1927-enero 28, 2011) natural de Matanzas, se exilió en Miami en 1962 y se naturalizó ciudadano norteamericano el 16 de enero de 1973. Fue jefe de inteligencia del Movimiento Insurreccional Martiano (MIM) hasta su fallecimiento en Miami.

Cuando arribamos al aeropuerto Antonio Maceo se la presenté al piloto de enlace Luis Roque, quien se fue a pasar esa noche con ella.

A principios de noviembre, para efectuar las elecciones nacionales, el gobierno retiró el cordón militar que contenía a los guerrilleros en las zonas montañosas. Los rebeldes tomaron la iniciativa táctica y estratégica y comenzaron a atacar los puestos del Ejército en el triángulo San Luis–Mayarí–Guantánamo. El pequeño cuartel de Cuneira, en Guantánamo, fue asaltado al amanecer del 4 de noviembre por una guerrilla al mando del capitán Hermes Cardero. Los B-26 prestaron apoyo y los rebeldes se atrincheraron bajo el puente del ferrocarril. Al siguiente día, la valiente compañía de Guantánamo del primer teniente Manuel E. Olartecoechea,[65] de 34 años de edad, con unos sesenta hombres sorprendió por la tarde a la guerrilla, que se retiró tras dos muertos y varios heridos. La tropa abandonó el cuartel y regresó a Guantánamo.

El 13 de noviembre, Fidel Castro anunció que los tenientes del Ejército Rodolfo C. Villamil Rodríguez[66] y Ubíneo León, con sus dos pelotones de infantería, se habían sumado a la guerrilla en Cerro Pelado. Castro ordenó al Ejército rebelde a paralizar el tránsito entrando y saliendo de todas las ciudades en Oriente por carretera y ferrocarril. Santiago de Cuba, la segunda ciudad del país con 200,000 habitantes, estaba totalmente sitiada y mantenía comunicaciones solo por mar y aire con el resto de la isla. Esto hizo que escaseara la leche y la comida. Ya que el Aero Club solamente servía viandas locales cuando eran disponibles le comenté al gerente que el teniente Juan J. Chippi Gener en Camagüey podía venderle productos de las carnicerías locales. El gerente se lo informó al dueño del Aero Club quien negoció con Cubana de Aviación para que transportaran la carne en recipientes de cien libras.

---

[65] Manuel E. Olartecoechea (agosto 6, 1924–) se naturalizó ciudadano estadounidense el 28 de febrero de 1977 en Miami.
[66] Rodolfo Cirilo Villamil Rodríguez (enero 28, 1928-mayo 28, 2012) salió al exilio en 1968 y se naturalizó ciudadano norteamericano el 27 de noviembre de 1973 en Miami, donde luego falleció.

Las cajas se fabricaron en Camagüey y se forraron con nylon para que no chorreara sangre. Se hicieron tres vuelos: El primero valorado en más de $300; una semana después un segundo en más de $500; y el tercero por unos $700 a mediados de diciembre. El dueño del Aero Club en agradecimiento ordenó que no me cobraran en su establecimiento pero no lo acepté. A fines del año se usaron vuelos de Expreso Aéreo Interamericano y Cuba Aeropostal para suplir a Santiago de Cuba con comida desde Camagüey y Holguín.

Siendo yo interventor del aeropuerto Antonio Maceo, tenía una lista del Buró para la Represión de las Actividades Comunistas (BRAC) con los nombres de cuatro o cinco personas que no podían viajar en avión por ser posibles secuestradores. El aeropuerto tenía tres jefes civiles de turno: Benedit, quien era el jefe principal, Saldá, y Moreno. Los dos primeros simpatizaban con los rebeldes. Un día Benedit me ofreció que me uniera a la guerrilla quienes pagarían mi sueldo a mi familia. Le dije que yo no desertaba bajo ningún concepto pero varios días después regresó con la misma propuesta. Le respondí firmemente que si me lo volvía a decir lo reportaría al BRAC. Ya su compañero Saldá me había hecho el mismo ofrecimiento y se lo había rechazado terminantemente.

En otra ocasión, el piloto de enlace José Pellón Blanco[67] fue a verme al aeropuerto y me dijo que tuvo un problema serio con el coronel Catasús por lo que se iría con el enemigo. Me ofreció que desertara en mi avión junto con él ya que los rebeldes le pidieron que se llevara a otros. Le respondí que no lo iba a delatar pero que si lo hacía le iba a pesar toda su vida. A los pocos días, Pellón se llevó un De Havilland Beaver a una zona rebelde en Santa Clara.

Yo volaba de rutina en patrulla por la costa sur de Oriente dos veces al día vigilando contra desembarcos clandestinos y notificando por radio el número de las matrículas de los barcos, barca-

---

[67] José Pellón Blanco salió al exilio y se enroló como copiloto en el Cuerpo de Aviación de la Brigada 2506. En 1963 fue aviador en la Operación Makasi de la CIA con otros pilotos cubanos exiliados combatiendo a la guerrilla comunista de Ernesto «Che» Guevara en el Congo. Murió en un accidente aéreo piloteando un DC-4 en Costa Rica.

zas y lanchas que estaban en la zona. Con frecuencia no podía terminar el recorrido porque me ordenaban volar en apoyo a las compañías de infantería en operaciones. Un día que estaba sobre la Laguna de Baconao, entre Santiago de Cuba y Guantánamo, escuché por radio que cerca del caserío de Yerba de Guinea, a unas catorce millas al norte, una patrulla militar que se dirigía a Guantánamo estaba bajo asalto. El comandante Policarpo Chaviano iba en un Jeep con su chofer seguido por una tanqueta T-17 con seis hombres. Yo conocía el lugar de la emboscada situado en la Carretera Central junto a un mogote de unos 200 pies de altura. Me dirigí allí y cuando tiré el avión en picada los rebeldes corrieron a internarse en el monte, permitiendo a la patrulla proceder con dos soldados muertos.

Al día siguiente Chaviano vio en el aeropuerto viejo de Guantánamo mi Piper Tri-Pacer FAE-32 y me preguntó si yo fui quien lo asistió durante el ataque. Lo confirmé y me agradeció efusivamente haberle salvado la vida. Me pidió mi nombre para hacer un reporte favorable de mi actuación al Estado Mayor. Le expresé mi gratitud por su interés y le dije que actué de acuerdo con mi deber. Le recordé al comandante que yo fui quien en Camagüey le transmitió las ofensas y vulgaridades que le dirigió el coronel Pérez Coujil por no avanzar rápidamente. Chaviano afectuosamente me tiró su brazo sobre mi hombro y echó a reír.

En esos días, el capitán médico Orlando Domínguez me dijo que tenía permiso para que yo transportara a tres heridos de Guantánamo al hospital de la base naval norteamericana. Los llevé a McCalla Field donde los recogió una ambulancia. Allí había un reglamento que yo no podía abandonar mi avión hasta que me dieran la orden de salida. Después del combate de Imías, el 14 de noviembre, donde el Ejército tuvo 27 muertos y 33 heridos, cinco soldados gravemente heridos fueron enviados a la base estadounidense por el comandante rebelde Félix Lutgerio Pena Díaz, jefe de la Columna No. 18 «Antonio López Fernández,» que operaba desde el noreste de Guantánamo hasta Baracoa.

En aquellos días, el teniente Luis D. Buría Acosta volaba un B-26 de patrullaje temprano una mañana sobre la pista clandestina rebelde en Cananova, Mayarí Arriba, cuando observó que el sol hacía brillar algo metálico dentro de los matorrales. Al bajar de altura vio dos DC-3 de Cubana de Aviación recientemente secuestrados que estaban cubiertos con camuflaje de maleza. Uno de los aviones, que había sido piloteado por el capitán Armando Piedra con el sobrecargo Amado Cantillo Huget, el hijo del general, llevaba 25 pasajeros de Manzanillo a Holguín cuando fue desviado. El otro avión lo había volado el capitán Villaviciego entre Guantánamo y Moa. El teniente Buría le disparó balas trazadoras calibre 50 a ambos aviones dejándolos incendiados. La amplia pista de tierra en Cananova estaba destinada para cargamentos al Segundo Frente Oriental de Raúl Castro. La iluminaban por la noche con plantas eléctricas portátiles o con los faroles de vehículos alineados. La FAE bombardeaba la pista con frecuencia pero los rebeldes enseguida la reparaban rellenando los cráteres con una niveladora.

Uno de los vuelos clandestinos suministrando a la guerrilla fue detectado cuando un Curtiss C-46 Comando fue visto sobre el Central Jobabo y forzado a aterrizar en el aeropuerto de Camagüey. El avión era piloteado por el capitán Juan Ríos Montenegro[68] y un copiloto venezolano quienes tiraron armas sobre la Sierra Maestra y otros lugares que no pudimos precisar. Ríos residía en Venezuela y dijo que habían llevado reses a Miami y al regreso perdieron el rumbo. La inspección del avión solo produjo una gran cantidad de excremento bovino. Los dos quedaron detenidos en el Gran Hotel de Camagüey. El copiloto fue interrogado en el despacho del aeropuerto y negó que tiraran armas. Dijo que era venezolano y no se metía en esos problemas. Tuvimos que soltarlos dos días después por presión del gobierno venezolano.

---

[68] Juan de Dios Ríos Montenegro (junio 15, 1909-noviembre 1975) fue piloto de la Fuerza Aérea Británica durante la Segunda Guerra Mundial y después trabajó para la línea aérea Taca de Venezuela. Fue expulsado de la FAE por homosexual. En 1959, junto con su copiloto venezolano, eran capitanes de la Fuerza Aérea Revolucionaria y declararon a la prensa de haber llevado armas y suministros a la guerrilla. Pidió asilo en México en febrero de 1962 y pasó a Estados Unidos. El 28 de noviembre de 1975, encontraron su avioneta YV-T-L TH accidentada en Venezuela.

Otro avión sospechoso que volaba en círculos sobre el Pico Turquino de la Sierra Maestra fue detectado una mañana por el B-26 del teniente Eulalio Beruvides Ballestero. Era un Fairchild C-119 de carga, procedente de la base naval de Guantánamo, que estaba sin permiso en un área prohibida. Beruvides le dio la primera señal de aterrizaje con la mano pero le hicieron caso omiso. La segunda advertencia fue al pasarle el B-26 por la nariz al C-119 que también fue ignorada. Beruvides entonces dio la última señal, encendiendo las luces y disparando al aire una ráfaga calibre 50, que forzó a los norteamericanos acompañarlo hasta el aeropuerto de Santiago de Cuba. Los nueve tripulantes del C-119 permanecieron en el Aero Club bar restaurante mientras el Estado Mayor hizo una investigación. Se determinó que no dieron ayuda a los rebeldes y que probablemente realizaban una misión de inteligencia. Los dejaron irse a las nueve de la noche y el Ejército pagó su cuenta de $400 en el Aero Club, que tenía precios altísimos. Una Coca-Cola que en la calle costaba cinco centavos allí la vendían a cuarenta centavos.

A fines de noviembre, el sargento mecánico Ramón Argüelles Aróstiga me informó que había encontrado limalla de hierro y pedazos de tornillos dentro del motor del De Havilland Beaver FAE-31. Llamé al coronel Catasús, jefe de operaciones en La Habana, para informarle del sabotaje. El coronel me respondió de manera petulante que el avión no tenía problemas con solamente 400 horas de vuelo, que yo no era mecánico y que inmediatamente se lo enviara a la capital. El piloto Mario López Delgado emprendió el vuelo pero a dos millas de distancia se le fundió el motor y tuvo que aterrizar forzosamente en el antiguo aeropuerto de San Pedrito que al ser clausurado le habían cavado zanjas diagonales en la pista.

El general Eulogio Cantillo me asignó ir con una compañía de cien hombres del cuartel Moncada para retirar el avión ya que los rebeldes estaban cerca de allí. Fui al taller de la destilería Bacardí en el centro de Santiago de Cuba y le pedí al jefe el uso de un camión rastra pero no quiso entregarlo. Lo persuadí al indicarle que era una orden del jefe del regimiento. La destilería, que producía 144,000 botellas de ron diarias, había cerrado recientemente. La otra gran destilería, la Castillo, había sido destruida en marzo por una bomba que causó $2.5 millones en daños a la planta. Al llegar con mi tropa a San Pedrito, el mecánico Argüelles le desarmó las alas al avión en diez minutos y lo montamos en la rastra para regresarlo al aeropuerto Antonio Maceo. Cuando pasamos por las calles de Santiago de Cuba se corrió el rumor que los rebeldes habían derribado el avión. Al día siguiente, enviaron desde La Habana un motor que se le instaló al De Havilland Beaver. El capitán ayudante Manuel Águila Gil me informó posteriormente que, debido a mi actuación, se había aprobado mi ascenso a primer teniente.

En La Habana, el SIM desarticuló el 26 de noviembre una conspiración de unos treinta jefes y oficiales en el Campamento Columbia que planeaban capturar a Batista con la ayuda fidelista y propiciar un gobierno de transición. Como resultado fueron retirados de servicio activo los generales Martín Díaz Tamayo[69] y Arístides V. Sosa de Quesada.[70] Entre los oficiales arrestados estaba el capitán Laureano Pino, ayudante de Díaz Tamayo. Los capitanes Félix Gutiérrez Fernández y José Rodríguez San Pedro se asilaron

---

[69] Martín Díaz Tamayo (noviembre 11, 1904-marzo 4, 1995) natural del barrio La Leña en Consolación del Sur, Pinar del Río, se alistó en el Ejército el 19 de septiembre de 1926. Ingresó en la Escuela de Clases en abril de 1927 y ascendió a cabo al siguiente año. Participó en la Revolución del 4 de septiembre de 1933 y en marzo de 1951 fue retirado con el grado de capitán por el presidente Carlos Prío Socarrás. Siete meses después, Batista lo incluyó en la conspiración que efectuó el golpe de Estado del 10 de marzo de 1952. Su participación le ganó el grado de general de brigada e inspector general del Ejército. Fue nombrado jefe del Regimiento 1 de la Guardia Rural el 3 de mayo de 1956 y jefe del Regimiento de Artillería el 11 de mayo de 1957. Fue retirado el 5 de diciembre de 1958 con el grado de mayor general. Recibió asilo político en Miami en marzo de 1959, fue vendedor de carros en Sheehan Buick y falleció en Hialeah tras una larga dolencia.

[70] Arístides Sosa de Quesada (enero 22, 1908-mayo 31, 2000) nació en Limonar, Matanzas, y se alistó en el Ejército el 19 de septiembre de 1932. Nombrado general de brigada y asesor general del Ejército en abril de 1952. Nombrado mayor general y Director de Personal G-1 en 1957. Falleció en Miami.

en embajadas latinoamericanas en la capital al descubrirse la conspiración.

Desde principios de diciembre, el cuartelito de Guanábana que ocupaba el teniente Faustino Matos Rodríguez y una docena de guardias rurales y casquitos fue asediado por una fuerza rebelde. La posta estaba sobre una loma, a un kilómetro al norte de una curva en forma de U de la Carretera Central, y 15 kilómetros al oeste de Palma Soriano. Después de una semana de resistencia, la tropa se retiró hacia Palma Soriano. Marcharon por el monte y varios kilómetros antes de llegar a la ciudad chocaron con una guerrilla acampada en una escuela rural hecha de mampostería. Los soldados se atrincheraron a unos cien pies de distancia y entablaron combate. El teniente Matos pidió ayuda por microonda al cuartel de Palma Soriano, quienes a cambio solicitaron asistencia del cuartel Moncada. Un C-47 respondió dejándoles caer alimentos pero algunos de los paquetes cayeron entre ambas posiciones. Tres soldados y varios guerrilleros, incluyendo un sargento rebelde, murieron tratando de apoderarse del suministro, que incluía un envase plástico con cinco galones de aceite de cocina.

El general Cantillo mandó de refuerzo el batallón del comandante Carlos Gámez Sánchez, quien había reemplazado al comandante Félix Aizpurúa Miñoso[71] cuando fue enviado a Holguín. La tropa salió del cuartel Moncada el 14 de diciembre a las 6:30 a.m. rumbo oeste por la carretera de El Cobre. El día anterior la radio rebelde ordenó en clave a «Los Dos Indios Azules» que se ubicaran en distintos puntos para preparar emboscadas por donde pasaría el batallón. Un traidor se lo informó al enemigo, ya que el plan solo lo sabíamos el general Cantillo, su capitán ayudante Manuel Águila Gil, el comandante Gámez, el sargento telegrafista Argelio Manteira Amate[72] y yo. Estoy casi seguro que Manteira ad-

---

[71] El comandante Félix Aizpurúa Miñoso fue condenado a 10 años de presidio por un Tribunal revolucionario el 11 de marzo de 1959. Después de cumplir su condena se suicidó en La Habana.

[72] Argelio Manteira Amate (noviembre 28, 1926-diciembre 6, 1989) nació en Alto Songo, Oriente, y llegó a Miami el 19 de octubre de 1960. Fue radio operador en la

virtió al enemigo porque su cuñada era la teniente rebelde Delsa Esther «Teté» Puebla Viltre.[73] Le advertí a Gámez que no pasara por dicha carretera pero me respondió que tenía que cumplir la orden que recibió. El batallón de tres compañías de fusileros iba equipado con tres tanquetas T-17 con cañón de 37mm y dos ametralladoras calibre 30; tres nuevos camiones Studebaker blindados con planchas de acero soldadas en los talleres del ferrocarril en Ciénega; otros cuatro camiones blindados abiertos; varios Jeeps y el apoyo aéreo de mi avión de enlace y dos bombarderos B-26.

Cuando el T-17 al mando del teniente José A. Díaz Palma cruzaba el pequeño Puente de Venturita sobre el desagüe entre Puerto de Moya y El Cobre, los rebeldes electrónicamente detonaron una mina de fabricación casera que habían colocado abajo. La mina consistía de un cántaro de leche de 55 galones atiborrado de dinamita. Desde el aire vi la explosión que partió la tanqueta en dos pedazos y lanzó el motor a cincuenta pies de distancia. Milagrosamente, los dos tripulantes del T-17 quedaron heridos levemente. Dos columnas rebeldes al mando del capitán Félix Duque dispararon desde sus escondites en unos huecos camuflados en la ladera de la loma. Sobrevolé el área pero no localicé donde estaban ocultos. Cuando casi tenía agotada la gasolina, fui relevado por el teniente Francisco Campbell con su avión de enlace. Al resumir mi misión vi que el comandante Gámez había retirado el batallón y dejó sobre la carretera a soldados muertos y armamento y equipo que cayó en manos de los rebeldes. La guerrilla bajó de la loma y saquearon los veinte cadáveres, dejándolos sin ropa ni botas.

---

marina mercante y se naturalizó ciudadano norteamericano en 1973. Falleció en Miami.

[73] Delsa Esther «Teté» Puebla Viltre (diciembre 9, 1940–) natural del municipio de Yara se alzó en la Sierra Maestra en julio de 1957 a los 16 años. Era primer teniente rebelde y segunda jefa del pelotón Las Marianas creado el 4 de septiembre de 1958 con trece mujeres. El 2 de enero de 1959, se unió a la caravana de Fidel Castro que cruzó la isla de Santiago de Cuba a La Habana. Ascendió a capitán el 24 de mayo de 1959. El 20 de marzo de 1960 se casó con el capitán rebelde Raúl Castro Mercader. Fue la primera cubana que recibió los grados de general de brigada de las Fuerzas Armadas Revolucionarias, aunque no le dieron mando de tropas.

Dos días después, la tropa atrincherada del teniente Matos Rodríguez aún combatía a los rebeldes en la escuela rural. Yo volaba sobre ellos diariamente con un artillero del cuartel Moncada cuyo nombre completo nunca supe. Al pasar sobre el colegio los rebeldes nos dispararon con fusiles e hirieron al artillero. Durante el vuelo de regreso a Santiago de Cuba el soldado daba unos alaridos que pensé que estaba herido mortalmente. Al dejarlo en el aeropuerto Antonio Maceo, antes que una ambulancia lo llevara al Hospital Militar Saturnino Lora, vi que tenía una pequeña herida en la pantorrilla. Desde al aeropuerto llamé por teléfono al general Cantillo y le dije que el teniente Matos estaba gravemente herido, su segundo al mando y el cabo que le seguía estaban muertos, y que la tropa peleaba valientemente de una manera increíble. Invité a Cantillo que volara conmigo para que observara la situación.

Al día siguiente, a las seis de la mañana, Cantillo se apareció en el aeropuerto con traje de campaña y salimos en el De Havilland Beaver FAE-31. En una lomita a menos de media cuadra de la escuela ocupada por los rebeldes vimos tres soldados muertos. Cerca de ellos estaba tirado el Garand de un sargento y los que trataron de tomarlo de ambos bandos cayeron abatidos. Después de hacer varios pases por el área, Cantillo me pidió que regresara. Al aterrizar me dijo que no apagara el motor y que buscara en Palma Soriano al capitán Francisco Sierra Talavera,[74] jefe de la Compañía 104 que estaba acampada en el primer piso del Hotel Palma, y que lo llevara a su despacho en el cuartel Moncada.

Rumbo a Palma Soriano, me comuniqué por radio con Sierra para informarle que tenía órdenes de Cantillo de recogerlo en el aeropuerto y presentarlo en la jefatura. El capitán me esperaba cuando llegué y enseguida que subió al avión me preguntó si estaba bajo arresto. Le respondí que yo no tenía orden de detención y que mi misión era llevarlo ante Cantillo. Conduje a Sierra en el Ford Fairlane desde el aeropuerto Antonio Maceo hasta el cuartel Moncada. Cuando entramos en la oficina del jefe del regimiento el

---

[74] Francisco Sierra Talavera salió al exilio en los Vuelos de la Libertad en febrero de 1966.

capitán dio un taconazo fuerte, saludó militarmente, y anunció: «Ordene, general.» Cantillo le preguntó cuántos hombres tenía su compañía. Sierra se quejó que eran setenta mal equipados con dos ametralladoras y sin mortero. El general le dijo: «No tenemos nada de armamentos pero con esos hombres tiene que rescatar a los del teniente Matos que se están muriendo, sin agua ni municiones, y andan peor que usted.» Sierra trató de responder pero Cantillo lo amonestó: «¡Capitán, cumpla la orden!» El oficial dio otro taconazo fuerte, se despidió con un saludo militar y me dijo: «Regresemos a Palma Soriano.» Allí ordenó a su segundo, el teniente José Ramón Díaz Garay, que preparara a la tropa. Llegaron a la escuela ocupada por la guerrilla antes de las tres de la tarde y con mi apoyo aéreo y el de los B-26 y F-47 Thunderbolt, rescataron a los soldados atrincherados. La Compañía 104 volvió a Palma Soriano con un prisionero rebelde y con cinco camillas de heridos cargadas por los soldados. Sierra no condujo a su tropa por la carretera para evitar emboscadas. Cortó las cercas de púa y cruzó los potreros a una cuadra distante de la carretera. Me sentí orgulloso como aquel grupo de hombres corajudos habían desafiado la muerte.

Recogí a los heridos en Palma Soriano y los llevé al hospital militar en Santiago de Cuba. Matos fue evacuado de urgencia por el piloto Mario López en el Piper Tri-Pacer FAE-36. El teniente, herido de bala arriba del corazón y con principios de gangrena, fue atendido por el médico brigadier Luis J. Iglesias de la Torre,[75] de 52 años de edad, jefe del hospital militar de La Habana, que visitaba Santiago de Cuba. Vi a Matos[76] esa noche cuando lo aten-

---

[75] Luis Joaquín Iglesias de la Torre (mayo 17, 1906-diciembre 7, 1988) natural de Cienfuegos, Las Villas, ingresó en el Ejército como capitán médico el 18 de julio de 1940. Era teniente coronel antes del 10 de marzo de 1952, cuando fue ascendido a coronel. El 2 de marzo de 1954 fue nombrado jefe del Servicio de Sanidad Militar. Partió al exilio en 1959 y falleció en Tucson, Arizona.

[76] Faustino Matos Rodríguez (noviembre 16, 1924-junio 10, 1998) natural de Baracoa, Oriente, se fue del hospital militar de La Habana el 1 de enero de 1959, vestido de monja y obtuvo asilo político en una embajada. Llegó a Estados Unidos en 1960 y se naturalizó ciudadano norteamericano el 19 de junio de 1983 en Miami, donde falleció.

dían en la sala de cuidados intensivos mientras preparaban su traslado al hospital militar de La Habana a las 10 p.m. en un vuelo especial de un Douglas C-47. Lo acompañó el brigadier Iglesias con su ayudante el capitán médico Estévez. Le relaté a Iglesias los pormenores del combate y me dijo: «Si todos fueran así de valientes, ya hubieran derrotado a los rebeldes.»

El 9 de diciembre, el enviado especial del departamento de Estado norteamericano, William D. Pawley,[77] le ofreció al presidente Batista que podía retirarse a su residencia en Daytona Beach si abandonaba el poder y que el presidente Dwight Eisenhower apoyaría un gobierno interino compuesto por el general retirado Martín Díaz Tamayo y los coroneles encarcelados Ramón Barquín y Enrique Borbonet, y dos civiles, entre ellos Pepín Bosch, dueño de la destilería Bacardí. Así Fidel Castro tendría que bajar de la Sierra Maestra o admitir que luchaba contra cualquiera para asumir el poder.

Al Batista dilatar su respuesta, a los nueve días lo visitó el embajador estadounidense Earl E. T. Smith y le informó que su gobierno le había retirado el apoyo, que entregara el poder a un gabinete de Unidad Nacional, anulara las elecciones del 3 de noviembre que no reconocía Washington y que fuera a residir con su familia en España. Esa noche, Batista se reunió con los jefes del Estado Mayor, generales Francisco Tabernilla Dolz y Pedro Rodríguez Ávila y el almirante José Rodríguez Calderón[78] para informarles que el gobierno estadounidense ya no los respaldaba.

---

[77] William Douglas Pawley (septiembre 7, 1896-enero 7, 1977) nació en Florence, Carolina de Sur, y se crió en La Habana y Santiago de Cuba, donde su padre tenía negocios. En 1928 era presidente de Nacional Cubana de Aviación Curtiss que se vendió a Pan American Airlines cuatro años después. Durante la Segunda Guerra Mundial organizó los Flying Tigers y al terminar el conflicto en 1945 fue nombrado embajador estadounidense en el Perú. Al siguiente año fue embajador en Brasil hasta 1948. Colaboró con la CIA para derrocar al presidente Jacobo Arbenz de Guatemala en 1954 y posteriormente estuvo activo en la lucha anticastrista. Se suicidó en Miami Beach cuando sufría de una enfermedad crónica.

[78] José Eduardo Rodríguez Calderón (marzo 14, 1901-noviembre 15, 1987) nació en Santiago de Cuba y quedó huérfano de padre. Asistió al Colegio Belén e ingresó en la Marina de Guerra el 13 de diciembre de 1926. Fue jefe maquinista de los

El 20 de diciembre, el coronel José A. Estévez Maymir, agregado militar cubano en Santo Domingo, le dio a Batista un mensaje personal del generalísimo Rafael Trujillo ofreciendo enviar 2,000 soldados del Ejército dominicano en aviones de transporte para combatir a los rebeldes en Las Villas y otros 2,000 a la Sierra Maestra para arrasar con Fidel Castro. Batista no aceptó la propuesta.

Los rebeldes le dispararon el último balazo a mi avión a mediados de diciembre cuando sobrevolaba el campo de golf en el reparto Vista Alegre de Santiago de Cuba. El terreno corresponde hoy al zoológico de la ciudad cerca de la Loma de San Juan. El plomo que perforó el ala de mi De Havilland Beaver FAE-31 vino de la casita para sirvientes en el traspatio de la residencia del anciano médico coronel Guillermo Fernández Mascaró,[79] veterano de la Guerra de Independencia. La vivienda, a la orilla del campo de golf, servía para reclutamiento clandestino de guerrilleros y tenía un túnel de salida. Dos días después, el capitán Raúl G. Vianello me notificó por radio que su F-47 Thunderbolt con una bomba de 250 libras había abortado una misión en Holguín y era peligroso aterrizar con ella. Le respondí que se dirigiera a Santiago de Cuba y al encontramos en el aire le indiqué donde la dejarla caer sobre el

---

astilleros de Casablanca. Era capitán de fragata en 1945 al ser retirado por el presidente Ramón Grau. Su apoyo al golpe de Estado de Batista le ganó el grado de Contralmirante y jefe del Estado Mayor de la Marina de Guerra. Ascendió a almirante el 19 de junio de 1956. Salió de Cuba con Batista en 1959 para Santo Domingo y llegó a Miami el 8 de septiembre de 1961, donde se mantuvo apartado de toda actividad política. Se naturalizó ciudadano estadounidense el 12 de noviembre de 1971. Fue asesinado a balazos en su hogar junto con su sobrina nieta por el marido de ella durante un argumento.

[79] Guillermo Fernández Mascaró (1870-mayo 25, 1960) nació en Bayamón, Puerto Rico, e ingresó en el Ejército Libertador el 8 de julio de 1895 con el grado de comandante. Fue segundo jefe de Sanidad de la columna invasora de Antonio Maceo y terminó la guerra como coronel y jefe de Sanidad de la 2 División, 1 Cuerpo. Fue gobernador de Oriente durante 1917-1921 y secretario de Instrucción Pública y embajador en México durante el gobierno de Gerardo Machado. Falleció en Santiago de Cuba.

cuartelito rebelde. Vianello tenía tremenda puntería y la detonación pulverizó la casita sin causar bajas.

Diez minutos después que regresé al aeropuerto me llamó el general Cantillo para decirme que Batista se había comunicado con él pidiendo explicaciones después que el veterano se le quejó por teléfono. Cantillo le dijo al presidente que él no dio la orden del ataque y que iba a investigar. Le expliqué al jefe del regimiento que aquello era un punto guerrillero desde donde disparaban a los aviones militares. Cantillo le transmitió a Batista mi respuesta y el presidente la aceptó pero advirtió que en un futuro todos los pilotos se comunicaran con el jefe del regimiento antes de tirar una bomba en una ciudad. Ese fue el último de 51 balazos que los rebeldes me dispararon en seis meses. El Piper Tri-Pacer FAE-32 recibió diecisiete tiros en Altos de Victoria, veintidós en Naranjo Agrio y cinco en Soledad. El De Havilland Beaver FAE-31 tuvo seis en Guanábana y este último sobre Vista Alegre.

El día 21 de diciembre fui por la noche a La Habana en un Viscount de Cubana de Aviación. Yo tenía pasaje gratis por ser el interventor militar de la aerolínea. Visité a mi familia en el reparto Berenguer de Calabazar, les pagué una cuenta de 300 pesos que le debían a una bodega de chinos, y regresé a Santiago de Cuba al día siguiente. Cantillo no estaba en la jefatura, ya que había ido a La Habana para informarle a Batista sobre la desmoralización en el Ejército.

Al amanecer del 23 de diciembre, la compañía rebelde de Universo Sánchez trató de tomar el aeropuerto de Palma Soriano tras una confidencia que el comandante José C. Tandrón Femenías llegaría a las siete de la mañana en el De Havilland Beaver FAE-31 piloteado por Luis Roque. Yo estimo que el telegrafista Argelio Manteira le seguía filtrando la información al enemigo. Cuando el avión de Roque casi toca la pista, los rebeldes le dispararon 36 balazos al fuselaje. Los ocupantes tuvieron tan buena suerte que resultaron ilesos y Roque rápidamente regresó a Santiago de Cuba. En ese momento, llegó al aeropuerto un taxi con la señora Montes de Oca acompañada por su nieta, que fue reina de belleza de Palma Soriano, con otra señora y dos niños. Los guerrilleros estaban tan exaltados que ametrallaron el vehículo y masacraron al chofer y los cinco pasajeros.

El combate de Palma Soriano duró cinco días. La primera noche los rebeldes asaltaron la estación de policía y los guardias se retiraron por un flanco para refugiarse en el cercano Hotel Palma de tres plantas. El coronel José M. Rego Rubido,[80] jefe del Regimiento No. 1 en sustitución interina de Cantillo, que estaba en La Habana, llamó por teléfono a mi oficina y me ordenó que a la mañana siguiente rindiera un informe de la situación en el hotel. Yo volé varias veces lo más bajo posible sobre el Parque Martí frente al Hotel Palma pero solo vi mujeres y niños caminando por allí. Me comuniqué por radio con el teniente Díaz Garay, segundo jefe de la Compañía 104, quien me pidió que no bombardearan porque su tropa estaba acuartelada en el primer piso del hotel y necesitaban alimentos. Añadió que los rebeldes les disparaban desde varios lugares que no podía precisar.

Regresé al aeropuerto Antonio Maceo donde esperaban para entrar en acción tres bombarderos B-26 al mando del capitán Juan Brito García con los pilotos Mario Bermúdez Esquivel y José Hernández González. Brito, ansioso de emprender la misión, inquirió sobre la situación. Le dije que el hotel estaba ocupado por el Ejército y rodeado de población civil y que los rebeldes estaban lejos. Brito me apoyó en la decisión de abortar la misión y no arriesgar al pueblo. El capitán me advirtió que al coronel Rego no le iba a gustar mi informe. Efectivamente, cuando llamé al jefe del regimiento por teléfono desde el aeropuerto para explicarle la situación, no estuvo satisfecho con mi reporte. Media hora después,

---

[80] José M. Rego Rubido (noviembre 21, 1906-marzo 28, 1978) entregó el cuartel Moncada a Raúl Castro el 1 de enero de 1959. Dos días después, el presidente provisional Manuel Urrutia lo nombró jefe del Estado Mayor del Ejército, bajo las órdenes directas de Fidel Castro. Rego fue designado como agregado militar de la embajada de Cuba en Brasil el 19 de enero de 1959. Él y su hijo se asilaron en agosto de 1960 en la embajada de México en La Habana y partieron al exilio. Rego se estableció en San Juan, Puerto Rico, donde falleció.

Rego envió al capitán Orlando Izquierdo Ramírez[81] con el helicóptero estacionado en el polígono del Moncada para que me recogiera y me llevara a su despacho.

Subí la escalera a la jefatura en el tercer piso, donde Rego me recibió muy fríamente y preguntó por qué yo no quería tirar bombas alrededor del Hotel Palma. Le dije que eso era imposible ya que morirían gente indefensa y niños. Me respondió: «¡Es una orden!» Le insistí al coronel que no lo haría, ni los pilotos tampoco, porque no estábamos dispuestos a masacrar al pueblo. Le enfaticé: «Los pilotos que están en el aeropuerto tienen muchas misiones, pero esta no la cumplen porque usted conoce la orden del presidente Batista, que no se puede bombardear donde hay población civil.» Rego me amenazó que eso era sedición y me dijo que esperara allí en lo que él salió de la oficina. Una hora después, pasado el mediodía, apareció el capitán ayudante Manuel Águila Gil[82] y me ordenó retirarme. El capitán le había confirmado al coronel que existía una circular del presidente Batista prohibiendo atacar ningún lugar donde no hubiera sido evacuada la población civil. El piloto Izquierdo me llevó de regreso al aeropuerto en su helicóptero en un vuelo de cinco minutos.

---

[81] Orlando Izquierdo Ramírez (septiembre 14, 1928--) natural de Pinar del Río, graduado de piloto en la promoción de 1955. Salió al exilio poco antes de ser arrestado en Cayo Hueso el 3 de agosto de 1959 con Manuel Rojas Díaz por volar armas y municiones a Cuba. El 26 de mayo de 1960, el gobierno estadounidense lo incluyo en una lista negra de 45 pilotos prohibidos a volar. Se hizo ciudadano norteamericano el 17 de febrero de 1972 y Rodolfo «Seafury» Hernández Herrera le sirvió de testigo de carácter.

[82] Manuel Edelberto Águila Gil (febrero 1, 1922-abril 8, 2009) durante el proceso judicial por el asalto al Moncada en 1953 sometió reportes falsificando que los rebeldes poseían cuchillos y granadas. Colaboró con el comandante rebelde Manuel Piñeiro Losada en reorganizar el cuartel Moncada y posteriormente le permitieron vender su residencia y salir de Cuba en 1960. Según el soldado Radamés Reyes Romero, radiotelegrafista del cuartel de Manzanillo que se pasó a los rebeldes, dijo que en la Sierra Maestra él recibía mensajes clandestinos que todas las noches el capitán Águila Gil enviaba desde su casa con un radio Hallicrafter a los rebeldes sobre los movimientos del Ejército.

Esa tarde, el joven cabo tanquista Montes de Oca, destacado en Guantánamo, se apareció en el aeropuerto y me pidió que lo llevara a Palma Soriano al funeral de su madre y sobrina, víctimas de la masacre rebelde contra el taxi. Pedí permiso a la central de comunicaciones Microonda A-4 para volar allí pero me lo negaron advirtiendo que el aeropuerto estaba tomado por el enemigo. Salí sin permiso con el cabo y aterricé en la Carretera Central cerca de Palma Soriano donde lo dejé para que asistiera a las exequias de sus familiares y regresé al aeropuerto Antonio Maceo. Posteriormente me enteré que el cabo Montes de Oca era un oficial rebelde. Dos días después, el capitán Sierra Talavera y el capitán Benjamín Raposo rindieron la plaza de Palma Soriano y se pasaron al enemigo. La guerrilla de Huber Matos Benítez quedó en control de la zona de El Cristo, Alto Songo, La Maya, Siboney y Puerto Boniato alrededor de Santiago de Cuba.

Pasé la Noche Buena en la barraca militar del aeropuerto de Santiago de Cuba, lejos de mi familia en Calabazar, y sin nada que comer. Estaba despierto a medianoche cuando estalló un obús de mortero a diez pies del dormitorio sin causar daños. El teniente Tony Padrón Cárdenas, asignado a la guardia cosaca que rondaba el aeropuerto, entró en el edificio y anunció: «Ya tenemos a los rebeldes aquí.» Luego me enteré que el disparo lo había hecho el ex teniente Rodolfo Villamil Rodríguez, quien se incorporó a la guerrilla el mes anterior. Al día siguiente, la guarnición de Sagua de Tánamo se rindió tras nueve días de asedio. Esa mañana llegó de La Habana el general Cantillo con su ayudante general el teniente coronel José J. Martínez Suárez,[83] del Estado Mayor, quien una hora después regresó a la capital por Cubana de Aviación. Cantillo se había reunido en el Estado Mayor Conjunto con el mayor general Francisco Tabernilla Dolz, su concuño el brigadier Alberto del Río Chaviano y el coronel Florentino Rosell Leyva. Les

---

[83] José J. Martínez Suárez (mayo 24, 1914-junio 25, 2007) oriundo de Marianao. Llegó al exilio en 1959 y se incorporó a la Brigada 2506. Fue herido en combate en Playa Girón por una bala que le atravesó el pulmón. El 17 de abril de 1962 fue enviado a Miami para recibir atención médica en el Mercy Hospital. Falleció en Hialeah.

enseñó una carta que había recibido del comandante José Quevedo Pérez, por medio del jesuita Francisco Guzmán del Colegio Dolores de Santiago de Cuba, invitándolo a reunirse con Fidel Castro para lograr un alto al fuego y llegar a un acuerdo con los rebeldes.

El embajador estadounidense Smith escribió en su libro *El Cuarto Piso* que el 26 de diciembre el mayor general Tabernilla lo visitó secretamente para expresarle que el alto mando sustituiría a Batista con una Junta Militar y le darían un salvoconducto para que abandonara el país. Smith no aceptó la propuesta. Al enterarse Batista de lo sucedido, acusó a Tabernilla de darle un golpe de Estado y ordenó el arresto del coronel Rosell y del brigadier del Río Chaviano, quienes huyeron de la isla. En sus memorias, Batista acusó a del Río y a Rosell de haber entregado Las Villas al Che Guevara por dinero. Batista entonces llamó al servicio activo con rango de general al coronel retirado José Eleuterio Pedraza y lo comisionó Inspector General del Ejército. Dos días después, Pedraza llegó a Santa Clara con 500 soldados, donde el coronel Joaquín Casillas Lumpuy había sustituido al brigadier del Río Chaviano como jefe del regimiento. Allí el Escuadrón 35 de la Guardia Rural y la Jefatura de Policía Nacional resistían valientemente.

Nuestras misiones aéreas después de esa fecha se redujeron a una o dos horas diarias. A los pocos días, los rebeldes tomaron la planta Microonda A-4 en los Altos de Quintero, interrumpiendo parcialmente las comunicaciones militares. A las seis de esa tarde, el coronel Rego llegó al aeropuerto Antonio Maceo y me pidió que lo volara sobre el lugar para ver que sucedía. Lo llevé en el Piper Tri-Pacer FAE-39 y Rego no observó a nadie alrededor del edificio. Al regresar al aeropuerto aterricé cerca de la entrada de Cubana de Aviación, donde el piloto de enlace Mario López Delgado abrió la puerta de mi avión para recibir a Rego. El coronel salió desapercibido hacia la hélice activa y al Mario halarlo del brazo cayó al piso fuera de peligro. La muerte del coronel en ese momento hubiera alterado el destino del cuartel Moncada.

El general Cantillo regresó a La Habana el 27 de diciembre, le informó a Batista de la situación de las tropas, y dijo que estaba seguro que Santiago de Cuba pasaría a los rebeldes de una u otra forma. Al día siguiente, Cantillo volvió al aeropuerto Antonio Maceo vistiendo casco y uniforme de campaña. Le informaron que tres columnas rebeldes habían ocupado Baracoa después que Raúl Castro le envió una carta fraternal al comandante Roberto Franco Lliteras, lo cual propició la rendición de la ciudad. Cantillo nos llamó a los cuatro pilotos de enlace para decirnos que había una zona de tregua desde Palma Soriano a San Luis y Puerto Boniato que ocupaban los rebeldes. Nos ordenó no volar allí y salió en el Sikorsky H-19 piloteado por el capitán Orlando Izquierdo sin decirnos su rumbo. Sin embargo, Izquierdo ya me había dicho que Cantillo iba a una entrevista con Fidel Castro.

Tomé el De Havilland Beaver FAE-31 y seguí el helicóptero a larga distancia, a 2,500 pies de altura, para indagar lo que sucedía. Cuando el general vio mi avión me amonestó por radio: «Número 31, regrese a plataforma 23.» Respondí, «copiando, A-1,» y volví al aeropuerto, sabiendo que algo muy importante sucedía. Cantillo fue a entrevistarse en las ruinas del Central Oriente cerca de Palma Soriano con Fidel y Raúl Castro, el jesuita Francisco Guzmán, los ex comandantes del Ejército José Quevedo y Francisco Sierra Talavera, quienes habían rendido sus tropas, al igual que otros dirigentes rebeldes, para buscar una fórmula de conciliación nacional. Castro luego declaró que Cantillo acordó sublevar el cuartel Moncada alrededor del 30 de diciembre para crear un movimiento cívico-militar en unión con el Ejército Rebelde. El jefe rebelde añadió que Cantillo se comprometió prevenir un golpe de Estado en la capital, impedir la fuga de Batista y no comunicarse con la embajada estadounidense. Cantillo regresó de su misión secreta como a las dos de la tarde y me preguntó si podía contar conmigo, ya que ocurrirían «hechos transcendentales.» El general me dijo: «Hay que esperar que llegue el momento. Cuento con usted, teniente Lazo.» Le aseguré que estaba a sus órdenes, sin saber cuáles eran sus planes.

A las siete de la noche llegó el avión presidencial Guáimaro piloteado por el coronel Miguel Matamoros del Valle con el copiloto de enlace José M. Hernández. El general Cantillo y su secretario, el comandante Collado, partieron a La Habana con ellos. A primeras horas de la siguiente mañana llegó el comandante Noelio «Liviano» Montero Díaz,[84] jefe de la central de comunicaciones Microonda A-4 en los Altos de Quintero, con dos carros patrulleros y una veintena de subalternos. Nos dijo que tenía órdenes superiores de reforzar el aeropuerto y que cualquier avión que llegara, tanto civil como militar, tenía que ser registrado por sus hombres. Yo le tenía gran confianza a Montero y le pedí en varias oportunidades que me comentara qué estaba pasando pero nunca me lo reveló. Solo me respondía que había que esperar. Su misión secreta era prevenir que un golpe de estado en La Habana se extendiera a Santiago de Cuba.

El 31 de diciembre aterrizó en Santiago de Cuba desde La Habana el capitán Antonio González Torrecillas en un C-46 y pidió un audífono. Le presté el mío ya que ese día no tenía vuelo. Me preguntó cómo estaba la situación y le respondí que muy jodida. Se expresó en desacuerdo por lo que no hice más comentarios. González tenía la misión de ir a Santo Domingo, República Dominicana, a recoger 18,000 libras de armamento para el cuartel Moncada que nunca llegaron. Luego me enteré que esa noche el general Cantillo regresó a La Habana y le informó a Batista sobre su reunión con Fidel Castro. Me acosté a dormir a las 10:00 p.m. sin esperar a celebrar el Año Nuevo.

---

[84] Noelio Montero Díaz (julio 20, 1924-diciembre 11, 2002) se enroló a la Brigada 2506 y fue nombrado jefe del Tercer Batallón. Posteriormente se alistó en el Ejército norteamericano el 17 de marzo de 1963, combatió en Vietnam, y se retiró el 20 de abril de 1972 con el rango de capitán. Falleció en West Palm Beach, Florida.

CAPÍTULO III

«Yo era el número catorce en la lista que llamaron para fusilar»

A las seis de la mañana del primero de enero de 1959, el comandante Noelio «Liviano» Montero Díaz, acompañado del teniente Luis Roque, me despertó en mi habitación de jefe militar del aeropuerto Antonio Maceo, diciéndome: «Levántate, livianito, que el negro se fue y nos embarcó,» en referencia a la huida de Batista. Montero me preguntó, «¿Qué edad tú tienes?» Le dije que tenía veintisiete años y me respondió: «Yo tengo treinta y cuatro años y tengo una estrella [de comandante] y esto tenemos que defenderlo a lo que sea. Nos han salado la vida y van a barrer con nosotros.» Montero me ordenó que fuera al cuartel Moncada porque el coronel Rego deseaba hablar con los cuatro pilotos de enlace. Salí a las siete de la mañana en un Ford Fairlane de 1957 del Ejército sin identificación militar, acompañado de los otros tres pilotos de enlace, Francisco Campbell, Mario López y Luis Roque. Al pasar por el Copa Club, cuyo dueño se rumoraba cooperaba con la policía, vimos que una turba se estaba emborrachando con el licor que saquearon. El edificio de madera, sobre una base de concreto, lo estaban desbaratando a mandarriazos. Al llegar al Moncada, nos presentamos ante el coronel Rego cuando salía de la sala de teatro tras una reunión con los oficiales y clases. Rego nos dijo: «El presidente se fue anoche pero todo sigue igual, el Ejército también, y vamos a ser respetados.» Nos ordenó a los pilotos que regresáramos a nuestro puesto a esperar nuevo aviso.

Ya Rego le había dado al Reverendo Evangélico Agustín González Seisdedos una carta conciliatoria dirigida a Fidel Castro. A las diez de la mañana, el ministro entregó la misiva en la comandancia rebelde en El Escandel, acompañado del jefe de la policía capitán Bonifacio Haza Grasso. El oficial confraternizó con los rebeldes y se puso un brazalete rojinegro del Movimiento 26 de Julio. Castro lo invitó a sumarse a la comitiva que se dirigió a El Caney.

Cuando al mediodía regresé al aeropuerto lo encontré desierto y los comercios cerrados. Le dije a mis compañeros que el que quisiera irse lo hiciera pero nadie se fue. Yo me quedé porque el general Eulogio Cantillo me había pedido contar conmigo y estaba a la expectativa. Dos horas después, el sargento telegrafista Argelio Manteira Amate tocó la puerta de mi oficina y me informó que Cantillo quería hablar por radio conmigo. Cantillo estaba en el Estado Mayor del Ejército en La Habana y me preguntó cómo estaba la situación. Le respondí que no podía decirle porque no percataba lo que sucedía. Me pidió que regresara al Moncada, si no había peligro, y le comunicara a Rego que estaba haciendo las cosas muy mal, ya que no cumplía con lo acordado entre ellos. Le dije que lo haría a pesar que la muchedumbre se había apoderado de las calles. Regresé en el Fairlane al cuartel con el segundo teniente Mario López y al pasar por el Copa Club vimos que ya no existía. Los atracadores intoxicados se habían llevado todo, las neveras, sillas, mesas, y hasta los tablones del techo y de las paredes. Las turbas también destruyeron los bares «Residencial» y «Los Cocos,» frecuentados por militares y masferreristas. Aquel saqueo me impresionó como un presagio de la destrucción que le esperaba al país.

Al llegar al Moncada encontramos que en el despacho del general Cantillo solo estaba el capitán ayudante Manuel Águila Gil, quien me dijo que Rego era «tremendo traidor y nos está vendiendo a todos a cambio que lo nombren jefe del Ejército.» Águila me informó que en ese momento Rego estaba en el salón de conferencias del cuartel hablando con un grupo de rebeldes, incluyendo Marina, la hermana de Armando Hart Dávalos y su esposo, ambos capitanes rebeldes; el arquitecto Rodulfo Ibarra Pérez, jefe de Obras Públicas de la provincia de Oriente quien era el jefe civil clandestino del Movimiento 26 de Julio en Santiago de Cuba; y el cura jesuita Francisco Guzmán. Preparaban la entrega de la fortaleza y Rego había dado órdenes que nadie los interrumpiera. Águila golpeó la puerta del salón con la mano abierta y salió la hermana de Hart para amonestarlo. El capitán le dijo que era un mensaje urgente del general Cantillo de «vida o muerte» y que llamara al coronel para escuchar mi mensaje. Cinco minutos después apareció Rego y le informé que Cantillo le decía que estaba haciendo las cosas mal, no como habían acordado días antes, y que el general esperaba su contestación. Rego se pasó la mano por la cara y me ordenó que regresara al aeropuerto, que él contestaría al general por telefonía. Cantillo me dijo posteriormente que Rego nunca lo llamó. El general fue arrestado al día siguiente en el Campamento Columbia, bajo órdenes de Fidel Castro, por el comandante de la Policía Nacional Revolucionaria Aldo Vera Serafín y el capitán rebelde Luciano Nieves Mestre.[85]

Poco después de yo llegar al Moncada apareció el capitán Haza buscando a Rego con el recado que Fidel Castro quería verlo. Ambos viajaron a las 3:45 P.M. a la comandancia rebelde del Escandel donde Rego acordó rendir el Moncada. El coronel fue designado a la nueva jefatura del Estado Mayor de las fuerzas armadas, reconociendo a Fidel Castro como comandante en jefe. A las cinco de la tarde, Rego regresó al cuartel acompañado de Haza, Raúl Castro y Huber Matos. Al entrar en la oficina del Estado Mayor, Raúl vio en lo alto de la pared una fila de retratos de Batista y su alto mando militar. Se subió en una silla y uno por uno los fue tomando, mirando, y estrellando contra el piso. Rego ordenó al capitán Águila que reuniera la tropa y los oficiales en el polígono. Desde el balcón de la jefatura, con Raúl Castro a su lado, Rego

---

[85] Luciano Nieves Mestre (octubre 6, 1932-febrero 21, 1975) natural de Santa Clara, donde fue dirigente de la Juventud Ortodoxa en Las Villas. A fines de 1963 lo sentenciaron a 20 años de presidio por conspirar contra la dictadura castrista. Debido a la influencia de sus dos hermanos comandantes, fue libertado a los 16 meses y emigró a Madrid en marzo de 1965. Cinco meses después llegó a Miami, donde sirvió de operativo de la CIA de noviembre 1965 a enero de 1966. En 1973, alentado por Max Lesnick, comenzó a promover propaganda castrista. Pereció al resistir un intento de secuestro en Miami por Jesús Lazo Rodríguez y Valentín Hernández Ramírez quienes planeaban canjearlo por presos políticos cubanos.

arengó a los soldados que se había acogido a la revolución y solicitó que se le unieran y lo ratificasen en la jefatura. La tropa lo aclamó con entusiasmo a pesar de que en 1953 los hermanos Castro lideraron el asalto al cuartel que mató a 19 soldados y policías e hirió a otros treinta. Raúl Castro entonces se dirigió al Ejército durante media hora, respetuoso y conciliador. Aseguró: «Aquí no hay vencedores ni vencidos. Las Fuerzas Armadas no tienen nada que temer de la Revolución.»

Permanecí en mi puesto en el aeropuerto hasta que una compañía rebelde de la columna de Huber Matos, al mando de Raúl Varandela Estévez,[86] lo tomó a las seis de la tarde sin disparar un tiro. El Batallón 17, que estuvo allí de guarnición, había regresado al Moncada ese día. Media hora después, Mario López me insistió en volver al cuartel y fuimos en el Fairlane. Viajando por la calle donde habían saqueado las oficinas del periódico *Libertad* de Rolando Masferrer Rojas,[87] la misma turba de estudiantes nos

---

[86] Raúl Varandela Estévez (abril 28, 1934–) fue arrestado con Huber Matos y 34 oficiales de su Estado Mayor el 20 de octubre de 1959, acusados de sedición y traición a la revolución. Varandela fue sentenciado a dos años de presidio el 15 de diciembre de 1959. El 8 de octubre de 1960, le facilitaron la fuga de la prisión del Morro junto con trece compañeros. En Miami se unió a la Brigada 2506 y participó en la fracasada expedición de Higinio Díaz. Posteriormente militó en las organizaciones anticastristas Movimiento Revolucionario del Pueblo (MRP) y Junta Revolucionaria Cubana (JURE) de Manuel Ray Rivero, el Ejército de Liberación de Higinio Díaz y Acción Cubana de Orlando Bosch. En 1979 viajó a Cuba invitado por René Rodríguez Cruz, oficial de la Dirección General de Inteligencia (DGI). El 1 de septiembre de 1983 fue arrestado en Ciudad México con Dunney Pérez Álamo mientras se reunían con agentes de la DGI. Después de dos semanas de detención, regresó a San Juan, Puerto Rico, y posteriormente se mudó a Miami.

[87] Rolando Masferrer Rojas (enero 12, 1918-octubre 31, 1975) natural de Holguín, fue criado por su tío, el capitán del Ejército Alejandro Cano Rojas, a quien acompañó en misiones militares donde residieron en San Antonio, Texas, y Fort Sill, Oklahoma. Tras la caída del presidente Machado, Masferrer regresó a Cuba y vivió con otro tío. Fue miembro del Partido Comunista y colaboró en el periódico *Hoy*. Lo arrestaron el 9 de noviembre de 1936 por conspirar para asesinar al coronel de la policía José E. Pedraza. En junio de 1937 fue a combatir con los republicanos en la guerra civil española. Llegó al rango de comandante del Batallón 401, Brigada 101, División 46 del V Cuerpo del Ejército del Ebro. Herido dos veces en combate, un ataque mortero le arrancó un calcañal dejándolo cojo. Tras regresar a Cuba se

cerró el paso con un jeep. Se abalanzaron sobre nosotros, tomaron nuestro carro y nos quitaron las pistolas. Enviaron a un mensajero a buscar al líder estudiantil que estaba dentro del edificio de *Libertad*. El joven se presentó y ordenó a tres estudiantes que nos llevaran en el jeep al Moncada.

A las nueve de la noche entré en el cuartel por tercera vez ese día. Pasamos a la barraca de la Compañía de Servicio donde estaba el comandante Noelio Montero y un nutrido grupo de militares. Montero me dijo que el capitán tanquista Victorino Gómez Oquendo,[88] quien meses antes desertó a los rebeldes, decía que «a los pilotos había que arrastrarlos por la calle» y que había que enjuiciar a todos los militares que pelearon contra los rebeldes.

En contraste, Fidel Castro a medianoche se dirigió al pueblo aglutinado en el parque Céspedes desde el balcón del hotel Casa Granda acompañado del presidente provisional, el ex magistrado Manuel Urrutia Lleó, y el arzobispo Enrique Pérez Serantes. Castro repitió el mensaje de su hermano: «Aquí no hay vencidos ni vencedores. No habrá más sangre. . . No habrá venganza ni habrá odios. . . Que nadie piense que yo pretendo ejercer facultades por encima del presidente de la República.» Urrutia, apodado «cucharita» por sus detractores, porque «ni pincha, ni corta,» a los seis me-

---

graduó de la Escuela de Derecho de la Universidad de La Habana con el Premio Dolz de mejor estudiante en 1945. Ese año fundó la revista *Tiempo en Cuba* y fue expulsado del Partido Comunista por denunciar la corrupción del liderato. Fidel Castro le hizo un atentado fallido el 21 septiembre de 1948. Ese año, Masferrer fue electo Representante de la provincia de Oriente por el Partido Republicano y en 1954 fue electo senador por Oriente del Partido Unión Revolucionaria. Recibió asilo político en la Florida el 1 de enero de 1959, donde en enero de 1967 fue arrestado con un grupo de seguidores que planeaban invadir Haití para derrocar la dictadura de Duvalier. Cumplió dos años en una prisión federal hasta el 4 de diciembre de 1972. Publicó el semanario *Libertad* en Miami donde dirigía una compañía de seguridad. Fue asesinado el 31 de octubre de 1975 con una bomba de C-4 en su carro activada por movimiento a pesar de los resguardos de santería que portaba. La policía estima que este crimen fue una orden de Fidel Castro a un doble agente en Miami que instigó a otros que lo hicieran.

[88] Victorino Gómez Oquendo era jefe de la Compañía C de tanques del puesto de mando de Bayamo. Al caer prisionero en el combate de Vegas de Jibacoa del 28 al 30 de julio de 1958, se pasó a las filas del enemigo.

ses tuvo que renunciar su cargo y asilarse con su familia en la embajada de Venezuela en La Habana antes de poder emigrar en 1963.

Pasada la medianoche, Montero me dio los nombres del coronel J. Ferrer Da'Silva, que era cuartel maestre del Moncada, del comandante José C. Tandrón Femenías, y del capitán ayudante Manuel Águila Gil, para fomentar una conspiración. Encontré al teniente coronel Ferrer Da'Silva en el cuartel maestre escribiendo sobre su escritorio. Lo saludé militarmente y le pedí permiso para hablar privadamente con él. Me miró por encima de los espejuelos y me preguntó si era algo tan secreto que tenía que ser a solas. Le respondí en tono bastante enérgico: «Sí, es muy confidencial.» Me pidió que lo siguiera al almacén, donde se encontraba mi gran amigo el teniente Juan H. Artigas Fleites, ayudante de Ferrer, a quien incluí en la conversación. Le dije respetuosamente: «Yo conozco a este oficial y hemos venido porque no debemos entregar el Moncada a los comunistas y si lo hacemos nos destruyen a todos y a Cuba.»

Ferrer dio un manotazo sobre un saco de arroz y me amonestó: «Estás loco, los jefes rebeldes son católicos y los demás son guajiritos que hacen lo que les diga Fidel Castro. Ya verás cómo Cuba va a prosperar con este cambio tan oportuno.» Su actitud me sorprendió grandemente y le contesté: «Cuando Ud. voló conmigo a Bayamo hace quince días no pensaba así.» Me respondió: «Claro que no. Bueno, de todo esto no has hablado nada conmigo» y me pidió que me fuera. Lo saludé y salí para ver si tenía más suerte con los otros oficiales. Estando frente al asta de la bandera en el polígono me tocó el hombro por detrás el teniente Artigas y me dijo: «Dame un abrazo que hombres como tú son los que hacen falta y puedes contar conmigo para lo que sea. El viejo este que hasta hoy ha sido como mi padre ya dejó de serlo con esa actitud.»

Artigas indagó con varios soldados y clases por el comandante Tandrón hasta que un casquito me condujo por la calle que iba al hospital militar. Allí encontré a este digno oficial con semblanza taciturna preocupado por nuestro destino. Lo saludé militarmente y le pedí que fuera el jefe de la resistencia para que el enemigo no tomara el cuartel. Tandrón me fijó la vista y preguntó quién me enviaba. Me dijo: «Tú no eres adivino para saber lo que siente mi corazón. Me lo puedes decir porque para mí el que te manda y tú tienen el mismo valor. Es algo que pocos poseen en estos momentos tan oscuros de nuestra vida.» Me confirmó que ya la plaza estaba entregada por el coronel Rego y que quienes tratáramos de oponernos los incultos nos iban a linchar y arrastrar por la calle. «No es que esos de la turba sean comunistas, sino fanáticos de lo que pidan los jefes,» señaló. Tandrón me apretó el hombro con su mano y me dijo que «era muy temprano para conspirar, ya que el pueblo estaba ciego con los rebeldes.» Él estaba dispuesto a conspirar en el momento adecuado dentro de uno o dos años, pero por ahora estábamos molidos. Tandrón me preguntó quién me había enviado a contactarlo pero yo le respondí que nadie. «A ti te mandó alguien,» me dijo, pero al ver que yo no contestaba, concluyó, «vamos a dejarlo así.» Entonces traté de ver al capitán ayudante Águila Gil pero estaba en su casa. Creía que pensaba igual que el comandante Tandrón pero no pude saber cuál era su determinación.

En ese momento, el Sikorsky H-19 piloteado por el capitán Orlando Izquierdo Ramírez aterrizó en el polígono del Moncada. Hablé con los tenientes Campbell, Roque y López, y nos pusimos de acuerdo en irnos en el helicóptero a la base naval norteamericana en Guantánamo. Le pedí al capitán Izquierdo que nos llevara pero lo rechazó. Sacó de su bolsillo dos estrellitas con el rango de comandante rebelde que le dio Fidel Castro durante la reunión con el general Cantillo y dijo: «Yo soy comandante de la revolución y lo que me pides me va a comprometer.» Ninguno de nosotros sabíamos operar el Sikorsky H-19 y no teníamos armas para forzar un secuestro aéreo.

En el polígono los tres tenientes y yo abordamos un vehículo público que nos llevó al aeropuerto. Allí habían seis aviones: dos de Cubana de Aviación, los De Havilland Beaver FAE-16 y FAE-31, y los Piper Tri-Pacer FAE-32 y FAE-39. Ya el capitán rebelde Raúl Varandela Estévez era jefe del aeropuerto y los pilotos de Cubana de Aviación que acababan de llegar del exilio, José

Raúl Segredo Pérez[89] y José Reynerio Villamar Rodríguez,[90] agresivamente controlaban los movimientos de aviones y pasajeros. Le dije a Varandela que la turba de estudiantes me había quitado el carro y la pistola. Me respondió que «esa es gente que antes no hizo nada y ahora son más guapos que los que peleamos en la Sierra.»

    Cuando Campbell trató de tomar el De Havilland Beaver FAE-31 para volar a La Habana, se lo impidieron Segredo y Villamar. Al mediodía del 2 de enero, entró en mi cuarto el soldado Rafael Salas, encargado de la limpieza del cuartel del aeropuerto, y me dijo, «teniente, corra, que van a matar al negro.» Miré por la puerta de mi cuarto hacia la barraca y vi a Campbell sentado en una cama mientras la oficial rebelde Teté Puebla, una mulatica bonita de dieciocho años con anchas caderas, empuñaba una pistola contra la sien del teniente. Fui a buscar al sargento Argelio Manteira Amate, cuñado de Puebla, en su oficina de radiotelegrafista en la misma barraca. Al explicarle lo que sucedía, Manteira corrió al

---

[89] José Raúl Segredo Pérez (septiembre 13, 1922-marzo 25, 2001) estudió aviación en el Spartan School of Aeronautics, Tulsa, Oklahoma, en 1944-45. En septiembre de 1960 fue enjuiciado con otros diez empleados de Cubana de Aviación acusados de sabotaje contra los aviones e instalaciones en el aeropuerto de Rancho Boyeros y todos fueron absueltos de los cargos. Ricardo «El Mono» Morales Navarrete, agente del G-2, presentó la acusación contra ellos. Segredo salió al exilio en 1961 y se naturalizó ciudadano norteamericano en St. Paul, Minnesota, en 1970. Falleció en dicho estado.

[90] José Reynerio Villamar Rodríguez (octubre 29, 1931-enero 1, 1990), natural de Victoria de las Tunas, fue piloto de Expreso Aéreo Inter-Americano y huyó a Miami durante la huelga de abril de 1958. Estuvo vinculado a la Organización Auténtica del ex presidente Carlos Prío. En Miami fue acusado junto con los desertores Antonio Sansón, Humberto Blanco Miranda, Francisco Álvarez, Eduardo Hernández y los gemelos Guillermo y Roberto Verdaguer de agredir con manoplas y cachiporras a los pilotos de Cuba Aeropostal Eulalio Beruvides Ballestero y Julio Leonard el 22 de abril de 1958 e intimidar a pasajeros cubanos que llegaban al aeropuerto. El gobierno cubano le canceló su licencia de piloto. Tuvo una hija con su primera esposa María Luisa Rodríguez de quien se divorció. En 1971 contrajo nupcias en Miami con Elsie Hart y terminaron el matrimonio dos años después. En diciembre de 1974 se casó con Migdalia Caridad Garcerán y a los cinco meses se divorciaron. Volvió a casarse en 1985 con Dolores Reyes Sabinay.

dormitorio y le dijo a ella que guardara la pistola. Puebla respondió: «A este negro yo lo mato por desprestigiar nuestra raza. Él era el piloto negro que cuando disparaba la ametralladora se reía.» Manteira logró tranquilizarla y se fue.

Esa noche el mecánico de mi avión, Ramón Argüelles Aróstiga, me dijo que quería irse con Campbell para La Habana. Me presentó al piloto Rondolfo Cosío, cuñado del coronel Ramón Barquín, quien acababa de llegar de la capital. Argüelles me dijo que Cosío iba a resolver el problema del pasaje para La Habana. Cosío fue a la oficina de radiocomunicaciones y habló por telefonía con Manuel Villafaña Martínez,[91] el primer jefe de la Fuerza Aérea Revolucionaria recién liberado de presidio con Barquín. Cosío le pidió un teletipo ordenando a Campbell y Argüelles a La Habana. La orden, dirigida a mí, llegó antes de las diez de la noche y yo se la presenté a Segredo y Villamar. Cuando Campbell fue a tomar el avión lo bajaron y lo metieron en la barraca. Al presenciar aquello, el teniente Mario López me dijo que el coronel Rego y un grupo de oficiales rebeldes, entre ellos Huber Matos, estaban en el cercano edificio de Cubana de Aviación. Le entregué el teletipo a Rego, quien me respondió que el comandante Matos ahora era el jefe. Matos preguntó quién dio la orden y al contestarle que fue «la gente de Barquín,» firmó la autorización y se la pasó a Rego, quien me la entregó. Yo me apresuré a dársela a Campbell y le dije que se fuera lo más rápido posible. Campbell tomó el De Havilland Beaver en la pista y lo dirigió al costado de la barraca para recoger sus pertenencias. Al bajarse del avión fue detenido por orden de Segredo y Villamar y remitido al vivac de Santiago de Cuba.

---

[91] Manuel Anastasio Villafaña Martínez (abril 27, 1925-enero 9, 2012) natural de Camagüey. Promoción militar de 1948. Era teniente coronel cuando fue encarcelado en abril de 1956 por la conspiración encabezada por el coronel Ramón Barquín. Fidel Castro lo nombró agregado aéreo de la embajada cubana en Ciudad México y desertó a Estados Unidos el 12 de abril de 1960. Se incorporó a la Brigada 2506 y fue designado jefe de su fuerza aérea. El 18 de abril de 1961, bombardeó la columna del batallón 123 de milicianos en camino a Playa Girón. Se naturalizó ciudadano norteamericano el 10 de mayo de 1985 y falleció en Miami.

El 3 de enero, a las ocho de la noche, se apareció en mi cuarto Marcelino García González,[92] piloto rebelde del Segundo Frente Oriental, a quien yo conocía previamente de la escuela de aviación. García había huido de la isla durante la huelga de abril de 1958. Me dijo que cuando yo estuve en mi avión en la pista del Central Palma Soriano, él estaba en el cañaveral apuntándome con un M-1 pero al reconocerme, no tiró. Ordenó a los cinco rebeldes que estaban con él que no dispararan. Mientras García conversaba amigablemente conmigo, tres rebeldes mulatos barbudos abrieron la puerta de un culatazo e indagaron: «¿Quién es el piloto Carlos Lazo Cuba?» Al identificarme, me dijeron que estaba detenido. García me dijo, «Perdona, Carlos, pero no puedo hacer nada por ti.» Le respondí: «No hay problema. Tú ganaste y yo perdí.» Rumbo al estacionamiento del aeropuerto me preguntaron por el otro piloto de enlace pero dije que solo respondía por mí. En ese momento yo no estaba preocupado porque estimaba que había alguna equivocación, ya que no había razón alguna para detenerme.

Dos de mis custodios se apoderaron de un Chevrolet Belair de 1957, el mejor vehículo en el parqueo, y rápido le hicieron un puente a la llave de arranque. El otro rebelde fue en busca del piloto que faltaba y detuvo a Rodolfo «Seafury» Hernández Herrera,[93] quien en ese momento llegó en su avión desde Bayamo con el médico rebelde Dr. Juan M. Martínez Páez. Hernández fue introducido en el asiento trasero del Chevrolet, flanqueado por dos custodios y yo iba entre el chofer y otro rebelde. El vehículo tomó la carretera del aeropuerto a alta velocidad en la oscuridad. En la curva del camino hacia el Morro siguió directo, chocó con una cuneta

---

[92] Marcelino García González (agosto 23, 1938–) natural de Almendares, estudió en el colegio de la Juventud Obrera Católica. Miembro del Movimiento de Recuperación Revolucionaria (MRR) preso desde 1965 hasta 1972 por conspiración. Emigró a Madrid en 1974 y de allí a Miami, donde se hizo ciudadano norteamericano en 1988.

[93] Rodolfo «Seafury» Hernández Herrera (marzo 25, 1934-enero 19, 2016) natural de Almendares, La Habana, fue miembro de la Juventud Obrera Católica en su época estudiantil. Falleció en Miami tras una larga enfermedad.

de tierra, y se volteó con las ruedas hacia arriba. Todos los pasajeros quedamos golpeados y uno de los guardias se hirió un brazo.

Los custodios salieron a la carretera y pararon varios carros que se aproximaban. Uno era un Cadillac Dorado convertible de 1958, expropiado a Maximino Martínez, propietario de un almacén de víveres que suministraba al Ejército. Lo conducía la comandante rebelde Vilma Espín Guillois, novia de Raúl Castro, quien iba para una fiesta en San Pedro del Mar. Les ofreció a los custodios el uso del vehículo con tal de que se lo devolvieran a la mañana siguiente en el cuartel Moncada. Continuamos en el Cadillac hasta el vivac donde al entrar vi que a la estatua de la justicia le habían colgado sobre la venda en sus ojos un brazalete del Movimiento 26 de Julio. Ese fue un presagio de lo que me esperaba bajo la justicia revolucionaria. Allí me despojaron de mi cartera que contenía cuarenta y tres pesos, las licencias de manejar y de piloto, y el certificado médico de aviador. Después me enteré que mi libro de vuelo que estaba en mi oficina fue incinerado por los rebeldes Willy Figueroa y Tony Blázquez, quienes saquearon mi habitación y botaron mi ropa y pertenencias.

A las once de la noche me encerraron en una celda atiborrada con unos cien hombres. Solamente había dos catres suministrados por la Marina de Guerra para sus oficiales y el resto de los presos estaban tirados en el suelo. Allí estaba General Gaspar Palencia Marange, un político del Partido Acción Unitaria (PAU) de Batista y dueño de dos fincas en La Maya, y los capitanes Antonio Gutiérrez Valdés y Enrique Despaigne Noret, jefe de los carros de patrulla con microonda en Santiago de Cuba. Los magistrados del Tribunal de Urgencia de Santiago de Cuba, Ignacio Vignau Rabell, de 64 años, el afrocubano Américo Navarro Broasard y Máximo B. Fernández Tablada estaban entre los reclusos. Vignau recriminaba a los otros dos magistrados porque nunca condenaron a los militantes del Movimiento 26 de Julio cuando eran sometidos a la justicia. Vi al teniente Campbell durmiendo en el medio de los dos catres unidos, flanqueado apretadamente por los oficiales de la Marina de Guerra Raúl Gómez de Molina Prieto y Antonio E. Bascaró Sánchez. Los tres se despertaron con el bullicio que se formó al yo entrar. Me preguntaron sobre la situación en el aeropuerto y en la calle. Pasamos una hora hablando sobre nuestro indefinido futuro que veíamos como una conjura preparada desde la Sierra Maestra contra los militares y los masferreristas. No pude dormir esa noche debido a la tensión, el hambre y la incertidumbre.

Al negro Despaigne lo llevaron a una celda aislada donde lo vejaban y trataban de intimidarlo. Según me dijo el soldado rebelde apodado Marimón, una noche le llevaron a Despaigne una palangana repleta de arroz con pollo, plátano frito y ensalada, y lo devoró todo. A la media hora, cuando comenzaba una fuerte digestión, cinco rebeldes lo sacaron de la celda y le avisaron que lo iban a fusilar. Le dispararon con balas de salva con la intención de que el susto le cortara la digestión y le diera un infarto pero no sucedió. Marimón me dijo: «Ese es el negro más corajudo que he visto.»

Marimón me hizo ese relato a las ocho de la mañana del siguiente día, al llamarme a la reja y ofrecerme fugarme cuando lo asignaran de posta en la puerta de entrada en cinco minutos. Dos semanas antes, cuando el comandante Noelio Montero y yo volábamos un De Havilland Beaver sobre Dos Caminos del Cobre, vimos a un rebelde barbudo, que resultó ser Marimón, caminando por un trillo con una escopeta al hombro. Montero le tiró un mensaje dentro de un tubo de cartón diciéndole que si quería rendirse pusiera su arma sobre la cerca. Nosotros vimos cuando lo leyó y dejó su escopeta como se le indicaba. Le tiramos un segundo mensaje para que se quitara la camisa y esperara veinte minutos en lo que iban a arrestarlo. Regresamos al aeropuerto y Montero fue en helicóptero a recoger al rebelde mientras yo volaba sobre la zona. Marimón fue llevado al Moncada y presentado al general Cantillo. Se le permitió que se aseara, Montero le proveyó ropa y lo llevó a cenar al restaurante del Hotel Casa Granda. Posteriormente el prisionero fue remitido al vivac en espera de juicio y allí fue libertado el primero de enero. Marimón estaba agradecido que los militares no lo habían matado o maltratado. Por eso me ofreció la fuga del vivac. Sin embargo, como yo no tenía dinero ni ropa de civil, no intenté fugarme porque asumí que me iban a capturar rápido en la calle, como habían hecho con otros tres que se escaparon en esos días.

El segundo teniente José Santana Expósito, cuartel maestre de una compañía en el cuartel Moncada, había sobornado a uno de los oficiales en el vivac para que lo soltaran a cambio de 1,500 pesos y dos pistolas nuevas. Fue puesto en libertad después de entregar lo ofrecido cuando lo llevaron a su casa a recoger el pago. Al Santana aparecerse en el aeropuerto esa noche, lo volvieron a detener. Al regresarlo al vivac, Santana le dijo al que lo engañó que tenía anotados los números de los billetes que le había entregado al igual que los números de serie de las pistolas, por lo que pronto fue puesto en libertad. Otro oficial que salió del vivac misteriosamente fue el capitán Narciso Campos Pontigo,[94] jefe del escuadrón de Palma Soriano. Varios días después que ingresó en el vivac, lo llamaron por la madrugada tres oficiales rebeldes de la escolta de Raúl Castro. A los pocos días leí en un periódico que Campos se había asilado en una embajada en La Habana. Se decía que Campos era el padre biológico de Raúl Castro. Cuando Raúl Castro fue capturado por el teniente Vicente Camps Ruiz el día después del ataque al Moncada, Campos pidió que lo remitieran al cuartel de Palma Soriano, en vez del Moncada, donde seguramente lo hubieran matado.

Como me encontraba encarcelado sin dinero, le pedí al jefe del vivac, el teniente Eddy Fernández Uriarte,[95] que me devolviera mi cartera. Me llevó a su oficina y mientras él me observaba desde su buró, estuve más de una hora buscándola entre casi cien carteras dentro de cuatro cajas grandes de cartón. Todas las carteras estaban sin dinero y la mía no apareció. Me regresaron a la celda donde daban una sola comida al día, compuesta de malanga y ñame casi crudo y un poco de arroz con salchichas o garbanzos crudos. Tuve la suerte que Magdalena, la esposa de Raúl Gómez de Molina, es-

---

[94] Narciso Campos Pontigo (septiembre 3, 1898-abril 1970) después de salir de la embajada del Brasil en La Habana, se radicó en la ciudad de Nueva York, donde falleció.

[95] Eduardo Fernández Uriarte salió al exilio en 1960.

taba en la ciudad y diariamente le llevaba comida a su marido, quien compartía un poquito con Campbell y yo. En el vivac no había facilidades para bañarnos y no permitían que recibiéramos ropa limpia.

A los tres días vino a verme a la cárcel la esposa del teniente Ramón Ruiz Hernández, el piloto de enlace que se mató en Las Mercedes en un Piper PA-18 con el teniente Orlando Brito, cuando despegaron de la zona del aeropuerto de Bayamo para llevarle un mensaje a Ángel Sánchez Mosquera. El coronel Antonio Soto Rodríguez fue en helicóptero al lugar donde cayeron y ordenó enterrar a los pilotos allí. Le aconsejé a la viuda que buscara a alguien de la compañía del comandante Enrizo o del Batallón 11 de Sánchez Mosquera que le pudieran indicar dónde estaban inhumados los dos pilotos. El avión cayó en picada porque a esas lomas hay que entrarles haciendo un giro de 360 grados hasta llegar al punto factible. Yo no me maté allí porque el comandante Luis González Rojas me enseñó que no se debe ir directo sino hacer el círculo. Esa táctica me sirvió muchísimo en más de una ocasión.

Al tercer día de estar preso, mi hermano Antonio llegó de La Habana para visitarme. Me dijo que recorrió casi todos los bufetes de abogados en Santiago de Cuba pero que nadie estaba dispuesto a defenderme. La visita duró quince minutos y antes de regresar a la capital dejó a mi amiga Nancy Planas Lasso[96] a cargo de conseguirme un abogado. Ella había sido novia del piloto de la Marina de Guerra José Alemán, que murió en un accidente aéreo en el Central Preston a principios de noviembre.

A los pocos días, Nancy me visitó para decirme que había contratado al abogado defensor Recaredo García Fernández, de sesenta y ocho años de edad y con mucha experiencia judicial. En 1953, García defendió a cinco acusados de haber participado en el asalto al cuartel Moncada. Todos fueron absueltos, a pesar que uno de ellos, el dentista Pedro C. Aguilera González, fue uno de los dirigentes del simultáneo ataque al cuartel de Bayamo. Mi herma-

---

[96] Nancy Planas Lasso salió al exilio posteriormente y en 1989 contrajo matrimonio en Miami.

no Antonio pidió prestado a Manuel García Cruz, el tesorero de la fábrica de textiles Tedeka y Colana, los trescientos pesos de honorarios del abogado. El tesorero luego rehusó que se le devolviera el dinero. Después que Nancy terminó la visita, el jefe del vivac, Eddy Fernández, me preguntó si ella era mi novia. Le dije que ella era maestra en Sevilla y no tenía novio. Fernández me respondió, «tengo veintinueve años de edad y nunca he visto a una mujer tan bella como esa.»

Al siguiente día, el once de enero, Fernández me llamó a la reja y me dijo que en su oficina había varias frutas si yo las deseaba. Las acepté porque tenía tremenda hambre, ya que la comida que nos daban era muy poca para mantenernos débiles y sin energía. Fernández me condujo a su oficina y me entregó un cartucho con uvas y manzanas. Cuando regresé a la celda lo repartí todo. A las 4:30 p.m. el piloto Rodolfo «Seafury» Hernández me dijo que un señor vestido de traje y corbata buscaba hablar con un piloto pero que él se negó a hacerlo. Campbell tampoco lo atendió. Cuando fui a verlo y me le identifiqué como piloto me dijo ser el abogado José F. Valls Tamayo[97] mientras nerviosamente miraba de un lado al otro. Valls había sido uno de los abogados defensores durante el juicio a Fidel Castro y sus seguidores por el asalto al cuartel Moncada en 1953. Me advirtió: «A todos ustedes los van a fusilar, con lo que no estoy de acuerdo. Yo he agotado todos los recursos. Mira a ver qué pueden hacer ustedes. Que Dios los ayude y que tengan suerte.»

Esto me causó gran angustia y estaba pálido cuando les di la noticia a los cuatro pilotos en mi celda. Nuestro destino pronto se regó como pólvora entre todos los detenidos. Algunos dijeron que no podía ser y otros comentaron que los rebeldes eran capaces de cualquier cosa. El magistrado Vignau, quien había pasado por todas las revoluciones en Cuba, señaló, «estos hijos de puta son

---

[97] El abogado José Valls Tamayo (mayo 29, 1906-noviembre 11, 1987) defendió a Luis Casero Guillén y Arturo Hernández Tellaheche en el juicio por el asalto al cuartel Moncada. El 29 de diciembre de 1961 fue arrestado en Santiago de Cuba y sentenciado a tres años de presidio por «actividades contrarrevolucionarias» en la Causa 50 de 1962. Salió al exilio en 1969 y falleció en Miami.

capaces de todo.» Varias horas después, como a las siete de la noche, llegó el capitán rebelde José «Pepe el Toro» López Legón,[98] que había sido lechero y ahora era jefe de la compañía de unos treinta custodios del vivac. Cada guardia llevaba colgando del cuello una docena de sogas de cuatro pies de largo y un cuarto de pulgada de grueso. Abrieron la reja y López nos llamó a formar afuera, en un pasillo largo, con las manos vacías. Cuando casi todos habíamos salido, López vio que dentro de la galera el capitán Enrique Despaigne Noret se demoraba recogiendo sus pertenencias. El jefe rebelde le gritó: «Oye, negro, sale rápido o te voy a sacar. Yo no hablo en chino. Yo pedí que salgan todos sin nada en las manos.» Al Despaigne responder: «Un militar lleva sus pertenencias donde quiera que vaya,» López le ripostó: «No te hace falta llevar nada porque vas para una cama de tierra.»

Cuando todos los presos se formaron en el pasillo del vivac, en fila de tres en tres, el sargento René Caso Pérez, jefe del Buró para la Represión de las Actividades Comunistas (BRAC) en Santiago de Cuba, gritó «¡Atención!» Caso estaba compuesto y sereno cuando nos arengó diciendo que todos éramos militares y que teníamos que «comportarnos con cojones. El que nos va a fusilar es comunista, hijo de puta y maricón,» dijo en referencia a Raúl Castro, y dirigiéndose a los custodios concluyó, «y ustedes también lo son. Prosigan su labor.» Nadie le contestó. El capitán de la Marina de Guerra, Raúl Gómez de Molina, al ver al teniente Manuel Piña Martínez y a otro soldado sollozando, se dirigió a todos en forma menos tajante y dijo que no quería ver a nadie llorar allí ante

---

[98] El capitán José «Pepe el Toro» López Legón (agosto 16, 1930-agosto 13, 2011) fue arrestado con Huber Matos y 34 oficiales de su Estado Mayor el 20 de octubre de 1959 acusados de sedición y traición a la revolución. El 15 de diciembre de 1959, fue sentenciado a tres años de presidio. Logró escapar de la prisión del Morro el 8 de octubre de 1960, junto con trece compañeros a quienes le facilitaron la fuga. En Miami se unió al Movimiento Revolucionario del Pueblo y estando en su campamento en Homestead, el 22 de enero de 1961 tuvo un accidente con la explosión de un tanque de luz brillante que le causó quemaduras de segundo y tercer grado en 67 por ciento del cuerpo. Al siguiente año, se incorporó al Ejército Libertador de Cuba con los seguidores de Matos. Falleció en Miami.

una injusticia. El segundo teniente rebelde Juan Quiala le habló bajito a su jefe López Legón, quien le respondió: «Déjalos, que ya eso está resuelto.»

López comenzó a pasar lista, encabezada por Despaigne, y seguido por los capitanes Gutiérrez, Luis S. Gamboa Alarcón, Bonifacio Haza, Piña y otros oficiales. Despaigne y Haza habían estado detenidos en un lugar aparte y los trajeron al vivac la última mañana. Haza tenía su uniforme de jefe de la policía con el brazalete del Movimiento 26 de Julio que le dieron durante su reunión con Fidel y Raúl Castro en El Escandel. Raúl Gómez Molina amonestó a Haza y Piña que se quitaran los brazaletes del enemigo pero no lo hicieron. Haza le dijo a Gómez que lo acusaban de la muerte de un jefe rebelde cuando el asalto a la estación de policía de Santiago de Cuba el 30 de noviembre de 1956.

Yo era el número catorce que llamaron para fusilar. Me seguían los pilotos Campbell, el quince, y Rodolfo Hernández, el dieciséis. El soldado de la FAE Cándido González era el diecisiete. La lista continuaba con los tres magistrados del Tribunal de Urgencia. Fuimos conducidos a la oficina de Fernández en pequeños grupos donde amarraron nuestras manos atrás con las sogas. Al yo entrar, estuve al lado de un policía de una microonda apodado «Pickin' Chicken»[99] mientras lo ataban. Me dijo, «Teniente Lazo, dicen que nos van a matar.» Respondí, «Hay que tener paciencia para esperar a ver qué sucede.» El joven rebelde negro atando las manos del policía me miró serio y meneó la cabeza afirmando que nos iban a fusilar. Eso me provocó un mareo y pensé en mi familia y en lo que iban a asumir que había sucedido.

Nos bajaron del segundo piso del vivac en pequeños grupos hacia la calle donde esperaba un camión tráiler de 45 pies de largo de la compañía Interamericana de Transporte de Amador Odio. Para subirnos al camión construyeron una escalera improvisada

---

[99] El apodo «Pickin' Chicken» devenía del nombre del negocio de comida donde trabajaba la madre del policía. Este joven, para impresionar a las camareras que allí trabajaban, les había contado espectaculares encuentros beligerantes ficticios en los que había matado a muchos rebeldes. Las muchachas posteriormente lo delataron.

con listones de madera y alambre. Los tenientes Quiala y Manolito Rodríguez Orcarberro,[100] flanqueando la escalera, agarraban a los detenidos por los brazos amarrados, los asistían a subir, y empujaban hacia adentro del camión. Yo era el quinto en fila para entrar al tráiler cuando el capitán Fernández apareció en la puerta del vivac y gritó: «Hagan silencio y pongan atención a la lista que voy a cantar.» Yo fui el primero que llamó y siguió con los pilotos Francisco Campbell y Rodolfo Hernández, Cándido González, los tres magistrados[101] y el político batistiano Palencia. Los ocho fuimos regresados a la oficina de Fernández y allí nos quitaron las amarras. Los otros, más de cien prisioneros, fueron amontonados en el camión tráiler y llevados al Palacio de Justicia, donde después de un juicio relámpago a unos cuantos, tarde en la noche del domingo, 11 de enero, fueron remitidos al campo de tiro en la loma de San Juan.

Los revolucionarios habían abierto con un buldócer una zanja de 40 pies de largo por 10 pies de ancho y 10 pies de profundidad. Un rebelde llevó allí al sacerdote católico Jorge Bez Chabebe. Los verdugos llamaban a los presos de dos en dos y les preguntaban si querían ver a un cura. Los que lo pedían eran llevados ante el padre Chabebe quien les dio la bendición papal y la absolución a los que se confesaron. El cura bautizó a varios prisioneros antes que los fusilaran usando una lata con agua que obtuvo en un abrevadero. Chabebe los acompañaba hasta el borde de la zanja y se retiraba. Las luces de los vehículos iluminaron el macabro espectá-

---

[100] Manuel Rodríguez Orcarberro (noviembre 8, 1928--) natural de Camagüey, donde a los quince años comenzó a trabajar en la Casa Estrada y más tarde pasó a la embotelladora de la Coca-Cola. En febrero de 1958, se alzó en la Sierra Maestra y fue designado a la Columna de Huber Matos. Rodríguez se asiló en la embajada del Brasil el 9 de septiembre de 1960, y dos meses después llegó a Miami. En el verano de 1963 se mudó a Dallas, Texas, para crear una oficina de Alpha 66. Luego se estableció en San Juan, Puerto Rico, donde fue dependiente de una empresa vendedora de piezas de auto.

[101] Los magistrados del Tribunal de Urgencia de Santiago de Cuba, Ignacio Vignau Rabell, Américo Navarro Broasard y Máximo B. Fernández Tablada, un mes después fueron remitidos al Castillo del Príncipe en La Habana donde el Tribunal Supremo dispuso se le radicaran causa por acusaciones hechas por revolucionarios santiagueros.

culo. El pelotón de fusilamiento, compuesto de seis hombres, comenzó a disparar descargas que doblaban los cuerpos por la cintura y caían hacia atrás adentro del hueco. A algunos presos les facilitaron vendarse los ojos. Un prisionero, el teniente afrocubano Ramón Heredia, con más de 21 años de servicio, al caer herido en la zanja, se fue gateando por dentro. Al salir por un extremo y correr hacia el monte, fue acribillado por más de una docena de rebeldes al verlo huir. El padre Chabebe me dijo que los pelotones de fusilamiento y el oficial que los dirigía eran cambiados con frecuencia. El cura escribió en sus memorias que presenció cuando un prisionero le arrebató el arma a un fusilero e inmediatamente fue matado por otro. Escuchó a otro condenado gritar «Fidel Castro asesino» momentos antes que lo mataran.

Los condenados continuaron en pareja hacia la muerte. A Despaigne lo retuvieron hasta los claros del día para poder filmar su fusilamiento. Le escribió una nota a su hijo y fumó un último cigarrillo. Cuando se dirigía al borde de la zanja, Despaigne demostró su valentía y coraje al virar y decirle al pelotón de fusilamiento que él mismo les daría la orden de disparar. Erguido en atención, vistiendo guayabera blanca y pantalón caqui, Despaigne gritó: «Atención. Listo. Apunten. ¡Fuego!» La fusilería lo dobló por la cintura y lo arrojó hacia la «cama de tierra» que le habían pronosticado.

El capitán Haza fue el último que fusilaron al permitirse que el Rvdo. Evangélico Agustín González Seisdedos, que lo había acompañado a El Escandel, tratara de conseguirle un indulto. El padre Chabebe en sus memorias describió a Haza como «un hombre fino» que «tenía fama de ser buena persona y de no haber cometido ningún acto de sangre.» Haza «estaba muy nervioso, él escuchó todos los fusilamientos, apartado a un lado.» Las ejecuciones terminaron a las 9:50 a.m. cuando taparon la zanja con el buldócer. Uno de los verdugos, el capitán rebelde Frank Fiorini,[102]

---

[102] Frank Fiorini (diciembre 9, 1924-diciembre 4, 1993) también conocido como Frank Sturgis, combatió con los U.S. Marines en el Pacífico durante la Segunda Guerra Mundial. Después se alistó en el Ejército y durante la ocupación de Berlín

posó para la prensa con un rifle sobre la loma de tierra de la fosa común. El padre Chabebe dijo que fueron «12 largas horas de tiros, humo y muerte, sin parar.»

    Los ocho presos que fuimos separados nos regresaron al vivac. Unas treinta mujeres encarceladas en una galera cercana celebraron nuestra vuelta tocando latas contra las rejas, gritando, aplaudiendo y cantando. La mayoría habían sido encarceladas por ser rompehuelgas en la tienda El Arte, aunque también había algunas mujerzuelas de la vida alegre. Quedamos en el vivac unos quince hombres, la mayoría miembros de la Marina de Guerra, entre ellos los capitanes Bascaró y Gómez de Molina, los comandantes Leopoldo Álvarez Sanz y Adolfo López Campos, el marinero Vicente Fusté Cayol, el cabo Ifraín Bello Fajardo y el teniente Nicolás Delgado, jefe del puesto de Baracoa. Ellos fueron presentados ante un Tribunal revolucionario de Santiago de Cuba presidido por el Dr. Francisco B. Mendieta Tamayo[103] a mediados de febrero. Allí también estaba con nosotros el teniente Vicente Camps Ruiz, quien fue condenado a muerte al ser capturado tras la rendición del Ejército en San Luis.

---

participó como agente de inteligencia contra la Unión Soviética. Adoptó el apellido Sturgis de su padrastro y se mudó a Miami en 1957 donde conoció a Carlos Prío. Sturgis estableció un campamento de entrenamiento de guerrilla en la Sierra Maestra en marzo de 1958. Dos años después, Bernardo Barker lo incorporó a la lucha anticastrista donde sirvió como informante del FBI y la CIA. En 1972 fue arrestado con Barker y otros en el caso Watergate. En 1975, Sturgis fue convicto en una corte federal de Miami por llevar a México carros robados en Texas. Volvió a infiltrarse en los grupos anticastristas como chivato de la policía.

[103] Francisco «Paquito» B. Mendieta Tamayo (mayo 7, 1934-febrero 1990), natural de Manzanillo, hijo de Francisco Mendieta Hechavarría, fiscal de los juicios por el asalto al cuartel Moncada en 1953 y del juicio por la sublevación de Santiago de Cuba y el desembarco del Granma en 1957, donde en este último pidió la absolución de todos los acusados. Paquito Mendieta fue fiscal hasta diciembre de 1958, cuando se alzó en la Sierra Maestra, por lo que después fue nombrado presidente de un Tribunal revolucionario. En enero de 1962, fue sentenciado a 30 años de presidio por ser el segundo al mando y tesorero del Movimiento de Recuperación Revolucionaria (MRR) en Santiago de Cuba. Estuvo casado con Graciela Casero Navarro, la hija del ex alcalde de Santiago de Cuba, Luis Casero Guillén.

Esa noche, el capitán López Legón se apareció con cuatro soldados ante la reja de nuestra galera, llamó a Palencia, y se lo llevaron. Al día siguiente entró en el vivac el vendedor del periódico *Surco* pregonando, «¡71 fusilados en la Loma de San Juan! ¡71 fusilados en la Loma de San Juan!» El sargento Garbey compró un ejemplar y vimos que la lista de muertos la encabezaba Despaigne y que Palencia también aparecía. La única evidencia en su contra fue una foto donde estaba abrazado con el senador Rolando Masferrer durante una campaña política. Aunque la prensa reportó 71 fusilados, yo conté a más de cien presos en el vivac que fueron llevados en el camión tráiler a la Loma de San Juan.

Entre los nombres que no estaban en la lista del periódico había cinco o seis muchachos quienes el 1 de enero llegaron al Distrito Naval. Allí tomaron dos carros microondas y fueron al cuartel Moncada, donde los detuvieron y falsamente acusaron de pertenecer a las patrullas motorizadas. La madre de uno de esos jóvenes iba al vivac diariamente vestida de negro y gritaba: «Me lo mataron.» Entre los inocentes que fusilaron en la loma de San Juan estaba un jovencito cuyo único «delito» fue que barría el piso en la redacción del periódico *Libertad* de Rolando Masferrer. También me enteré en el vivac que nuestro artillero, el cabo Emiliano Aponte, se había pasado a los rebeldes y participó en el fusilamiento de sus compañeros.

En el vivac, el segundo teniente Juan Quiala, de la tropa de Huber Matos, se dedicó a tratar de intimidarnos y atormentarnos durante varias semanas. Era un déspota grosero. Todas las noches salía en un camión a recoger una turba de borrachos y delincuentes que dejaba frente al vivac a vociferar consignas y pedir nuestro fusilamiento. Entre las cosas que gritaban decían: «Entréguennos a los pilotos para arrastrarlos por la calle y ahorcarlos en el parque.» El jefe de la guarnición, López Legón, venía a la reja para asustarnos, diciendo: «Los que gritan son estudiantes y si ellos me piden a ustedes, yo tengo que entregarlos.» Lo dijo frecuentemente durante una semana.

Algunos rebeldes negros llegaban a la reja a insultar al teniente Campbell por ser de su raza y a veces le escupían el rostro.

Un día se apareció un hombre con muletas que le faltaba una pierna. Llamó a Campbell y dijo ser un médico de San Luis y culpó al teniente de haberle destrozado la pierna de un balazo. Campbell se atolondró de las ofensas y mentiras e insultó a gritos al supuesto médico. El alboroto provocó que acudieran el jefe del vivac y la guarnición, quienes se llevaron al acusador y prohibieron definitivamente la entrada en el vivac a quien no tuviera autorización.

El 14 de enero leí en la primera plana del periódico *Surco* que al día siguiente sería juzgado el capitán Raúl Gómez de Molina por la muerte del capitán rebelde Raúl Griñán Peralta. Al Gómez ver la noticia se alteró mucho, comenzó a golpear la reja, y a gritos llamó al jefe del vivac Eddy Fernández. Gómez le pidió que le diera la noticia a Tirso Virgos García,[104] de 25 años de edad, jefe rebelde del distrito de la Marina de Guerra, quien al enterarse llegó al vivac a las seis de la tarde. El capitán Gómez le aseguró que el supuesto muerto estaba vivo, por lo que Virgos le contestó: «Si Griñán está vivo, te lo traigo aquí antes de las diez de la noche.» En menos de tres horas Virgos regresó al vivac con el «muerto» vivo, un negro de unos 45 años de edad. Griñán se enfrentó a Gómez y le recordó que en diciembre fue detenido en Sevilla, en la carretera de Santiago de Cuba a Siboney, cuando se dirigía a las lomas ocupadas por los rebeldes con una caja de cinco libras de dulce fino. La posta comandada por Gómez lo forzó a comerse todos los dulces por no revelar su destino. Como resultado de la aparición de Griñán, Virgos le envió a Gómez diariamente el almuerzo y la cena en una cantina que rendía para seis personas, la cual compartió con nosotros. Gómez fue puesto en libertad poco después.

Al día siguiente, el capitán Fernández me llamó a la reja e invitó que fuera a su oficina a buscar mi cartera que yo no había encontrado previamente. Allí cerró la puerta, se sentó atrás del buró, y me enseñó una lista de varias páginas con los nombres de

---

[104] Tirso Virgos García nació en Santiago de Compostela, España, en 1933. Fue burócrata del Ministerio de las Fuerzas Armadas Revolucionarias (MINFAR) hasta que se suicidó. Su viuda emigró a Miami.

todos los fusilados en la Loma de San Juan. Mi nombre y el de los otros que no subimos al camión aparecían tachados. Le pregunté por qué nos quitaron del listado y me dijo que iban a juzgar a todos los pilotos juntos en Santiago de Cuba. Se esperaba que llegaran de La Habana diecisiete pilotos que serían procesados con los cuatro que nos salvamos de ser fusilados. El capitán Fernández indicó que Raúl Castro fue quien dio la orden de posponer nuestro fusilamiento porque si primero ejecutaban a tres les iba a ser más difícil condenar al resto a la pena de muerte. Fernández afirmó que previamente lo visitaron en su oficina Raúl Castro, Huber Matos, y la Dra. María Concepción Alonso González,[105] y le pidieron la lista de los detenidos que eran militares, policías, masferreristas, y guardia jurados. El trío revolucionario seleccionó a las personas que iban a fusilar previo a someterlos a juicio. La Dra. Alonso posteriormente presidió un Tribunal revolucionario en Santiago de Cuba donde condenó a su esposo Manuel Maceira Aguilera a catorce años de presidio porque fue a defender el cuartel de La Maya bajo ataque rebelde.

Los dos aviadores que me acompañaban en el vivac, Francisco Campbell y Rodolfo Hernández, estaban tan ansiosos como yo de que llegaran de La Habana los 17 pilotos, 15 artilleros y 8 mecánicos detenidos. Estábamos esperanzados de que no iban a fusilarnos. En La Habana, el nuevo jefe de la Fuerza Aérea Revolucionaria (FAR), comandante Pedro Díaz Lanz, a preguntas de los periodistas dijo que «los más responsables son los que están en fuga, tales como Marcelo Tabernilla, Winsy Tabernilla, Felipe Catasús, los cuales han sido declarados criminales de guerra.» Señaló que Catasús «una vez se amarró con una soga para lanzar bombas contra Santa Clara.» Díaz Lanz informó que algunos pilotos como Juan Brito, quien se negó rotundamente a lanzar las bombas, y Manuel Iglesias, que las arrojaba con el seguro puesto, así como algún otro, sólo se encuentran sujetos a una investigación.

---

[105] La Dra. María Concepción Alonso González fue nombrada Teniente Fiscal de la Audiencia de La Habana el 6 de febrero de 1959, cargo que renunció el 5 de agosto de 1961.

El fiscal designado para nuestro juicio, el capitán Antonio C. Cejas Sánchez, de 42 años y primo de Celia Sánchez Manduley, la secretaria de Fidel Castro, dijo que «aquellos que no hayan participado en estas cuestiones podrán quedarse dentro del cuerpo, una vez que hayan sido exonerado de toda culpabilidad.» También señaló que «Debido a que la culpabilidad de muchos de estos pilotos podrá ser determinada en los aspectos técnicos de la aviación, se ha acordado que en el Tribunal participe un piloto con el objeto de analizar las partes técnicas de sus declaraciones.» Cejas reunió a más de cien testigos y doscientas fotografías para usar como evidencia en el proceso. Concluyó sus declaraciones a la prensa diciendo que «sólo aspira a que no se cometa una sola injusticia en los juicios, ni en contra de los acusados, ni en contra de las víctimas, especialmente los campesinos, a quienes hay que restaurarles la fe en los que estamos sirviendo a la revolución en estos momentos.»

Los aviadores detenidos en La Habana llegaron al vivac de Santiago de Cuba el 6 de febrero y fueron recibidos por sus compañeros con gran regocijo. Los artilleros y los mecánicos fueron remitidos a la prisión de Boniato en las afueras de la ciudad.[106] El día 11, mi hermano Antonio, mi hermana Paula, y mi novia Clarita González, llegaron a Santiago de Cuba para asistir al juicio. Anto-

---

[106] *Pilotos*: capitanes Ramón T. Alonso Guillot, Jorge Jesús Alemany Peláez, Pedro Bacallao Fonte, Juan Brito García, Manuel Iglesias Ramírez, y Antonio Pieras Bustarviejo. Primeros tenientes: Eulalio Beruvides Ballestero, Luis Buría Acosta, Francisco Chappi Yáñez, Guillermo Estévez de Arco, Roberto Lam Rodríguez, Roberto Pérez-Valdés Montiel, Agustín Piñera Machín, Mario Bermúdez Esquivel, Edelso Rodríguez Rodríguez, Gustavo Somoano Álvarez y Ricardo Rodríguez Castro. Segundos Tenientes: Francisco R. Campbell Colt, Carlos Lazo Cuba, y Rodolfo Hernández Herrera. *Artilleros:* sargentos Telesforo R. Antúnez González, Rafael Becerra Alba, Alfredo Capote Oropesa, Arístides Córdoba Aguiar, Sandino Delgado Hernández, Diego Fernández Breña, Julio García Abreu, Nemesio Hernández, Pablo Hernández, Gilberto Llip Martínez, Juan Mesa Yánez, Francisco Piloto, René R. Rigal Riera, Pedro Vasallo Lima, y su tío Sixto Vasallo Concepción. *Mecánicos*: Pablo Reyes Basulto, Julio García Abreu, Crescencio Liyin, Emilio Díaz Aguiar, Ramón Argüelles Aróstiga, Silvio López Ballesta, Luis Pinacho Fernández, y Florencio A. Pérez.

nio traía un recado que el hermano del ex marinero Eugenio «El Puntual» Acanda Castillo, detenido en el vivac, llegaría al día siguiente con los diez mil pesos que le pedía el abogado Sigfrido Solís de León para que no lo ejecutaran. Sin embargo, cuando mi hermano me preguntó por Acanda, le dije que el periódico *Surco* había informado el día anterior que ya lo habían condenado a muerte en Baracoa. Nuestros abogados defensores fueron el capitán auditor del Ejército, Dr. Arístides D'Acosta Calheiros, Carlos Peña-Jústiz Arrieta, Jorge Pagliery Cardero, Recaredo García Fernández, Augusto Portuondo Bello, Sigfrido Solís de León, y Luis Aguiar Poveda. En 1953, el doctor Pagliery había representado a Fidel Castro durante el inicio del proceso del asalto al cuartel Moncada hasta que Castro asumió su autodefensa.

Vimos a nuestros abogados por primera vez cuando comenzó el juicio lo cual me hizo pensar que nuestra suerte ya estaba echada.

CAPÍTULO IV

El juicio por genocidio ficticio

A las cuatro de la tarde del 13 de febrero, los 43 pilotos, artilleros y mecánicos acusados llegaron a la Audiencia de Santiago de Cuba en dos camiones seguidos de varios jeeps con custodios del Ejército Rebelde a las órdenes de José «Pepe el Toro» López Legón. El Tribunal revolucionario que presenció la Causa 127 de 1959 estaba compuesto por su presidente, el comandante Félix Lutgerio Pena Díaz,[107] y los magistrados Antonio Michel Yabor Justi[108] y Adalberto José Parúas Toll.[109] Los taquígrafos eran José Salas y Esperanza Vázquez. Los oficiales investigadores en La Habana que re-

---

[107] Félix Lutgerio Pena Díaz (marzo 29, 1930-abril 14, 1959) fue jefe de Acción y Sabotaje del Movimiento 26 de Julio en Santiago de Cuba, donde participó en el fracasado alzamiento del 30 de noviembre y se unió a la guerrilla en la Sierra Maestra el 24 de marzo de 1957. Dos meses después, fue herido en una pierna en el combate de El Uvero. Pena posteriormente participó en los combates de Palma Mocha, Gaviro, El Salto, Chapola y en Pino del Agua II en la Sierra Maestra. En febrero de 1958 fue nombrado capitán de la nueva Columna No. 6 «Frank País» de Raúl Castro con 67 hombres que abren el Segundo Frente Oriental. A los dos meses, recibe el mando de la Compañía E que opera al este de Guantánamo. El 3 de septiembre de 1958, Pena asciende a comandante y es designado jefe de la nueva Columna 18 «Antonio López Fernández.» Dirige la emboscada al Ejército en Guamá, Baracoa, el 4 de noviembre de 1958, y diez días después participa en el combate y toma de Imías. La Columna 8 entra en la ciudad de Guantánamo el 1 de enero de 1959, y dos días después se establecen en Santiago de Cuba. Después de su fallo absolutorio en el juicio de los pilotos es trasladado a La Habana donde el gobierno alega que se suicidó. Los hermanos Castro y el jefe de las Fuerzas Armadas Revolucionarias Camilo Cienfuegos no asistieron a su funeral.

[108] Antonio Michel Yabor Justi (abril 26, 1926-junio 16, 2000) partió al exilio el 16 de enero de 1960 y se naturalizó ciudadano norteamericano el 19 de septiembre de 1967.

[109] Adalberto José Parúas Toll (agosto 27, 1916-diciembre 7, 2001) posteriormente salió al exilio y falleció en la Florida.

copilaron documentación de vuelos y actividades fueron el capitán Gastón Bernal y los primeros tenientes Roberto Santisteban y Rodolfo León.

Pena, de 28 años, era de facciones toscas, bajo de estatura, musculoso y ágil. Peleó en la Sierra Maestra y fue jefe de la Columna No. 18 «Antonio López Fernández.» Tenía un carácter serio y responsable, ansioso de superación. Cursó con grandes sacrificios hasta el tercer año de comercio en Santiago de Cuba, siendo presidente de la Asociación de Estudiantes de su escuela y miembro del Partido Ortodoxo y de Acción Católica. El magistrado Yabor había sido piloto de combate de un F-47 Thunderbolt en el gobierno de Batista y luego se afilió al Segundo Frente Oriental "Frank País." El magistrado Parúas, abogado de Guantánamo, de 45 años de edad, también se incorporó a la guerrilla en la Sierra Maestra. Pena llegó temprano al Palacio de Justicia y le dijo al reportero del periódico *Sierra Maestra* que el Tribunal estaba animado de alto espíritu de justicia. En el momento de que dictara sentencia se influiría basado en el resultado de las pruebas que se presentasen.

El proceso se inició a las cuatro y media de la tarde cuando el Secretario del Tribunal, Nicolás Bello Chávez, leyó la lista con los nombres de los 43 acusados, quienes estábamos sentados en cinco bancas de madera, frente al Tribunal y delante del público, separados por una baranda de madera. Los acusados nos pusimos de pie al ser llamados individualmente. Vestíamos ropa de civil contrario a la orden del fiscal Antonio Cejas Sánchez de que fuéramos a juicio con nuestros uniformes militares con galones y medallas y así fomentar la ira del público. La Sala del Pleno en el tercer piso de la Audiencia de Santiago de Cuba estaba atiborrada con más de 500 espectadores, entre ellos familiares de los acusados, periodistas, y el público, que consistía mayormente de alumnas de la Escuela Normal y del Instituto de Segunda Enseñanza de Santiago de Cuba. Fue la misma audiencia donde seis años antes Fidel Castro y los asaltantes de los cuarteles Moncada y Bayamo fueron juzgados, siendo encontrados culpables 32 que admitieron su participación y absueltos 19 cómplices.

Afuera se escuchaban los alaridos ofensivos de la jauría que se arremolinaba en la calle al no haber podido entrar. El fiscal Cejas también fue el Juez Instructor investigador de la causa, lo cual estaba prohibido por el Código Penal, según denunciaron los abogados defensores. El fiscal respondió que esa incompatibilidad estaba basada en la previa Ley de Enjuiciamiento Criminal pero que la misma no tenía vigencia bajo el gobierno revolucionario. Cejas tomó diez horas para acusarnos de genocidio, asesinato, homicidio, lesiones, daños a la propiedad y demás delitos relacionados a bombardear y ametrallar ocho poblaciones civiles de Oriente y otras en Las Villas, especialmente las ciudades de Sagua de Tánamo, Imías, San Antonio del Sur, Cuneira, San Benito y La Prueba. El fiscal dijo que obtuvo los nombres de los participantes en esos hechos, en el banquillo de los acusados, por los reportes de vuelos oficiales e informes confidenciales de los propios pilotos y artilleros. Cejas me acusó, junto con Francisco Campbell y Rodolfo Hernández, de ser los pilotos de enlace que señalaban el objetivo y ametrallaban a las poblaciones, especialmente a los campesinos sorprendidos en plenas labores. Sin embargo, a veces cuando los B-26 disparaban con ametralladoras a los blancos distantes, los casquillos calibre 50 caían sobre las cabezas de quienes estaban abajo, tanto civiles como tropas del Ejército, quienes erróneamente gritaban que estaban bajo fuego directo.

El Dr. Jorge E. Pagliery Cardero,[88] presidente del Colegio de Abogados de Santiago de Cuba y profesor de Derecho en la Universidad de Oriente, quien representó a Melba Hernández Rodríguez en el juicio por el asalto al Moncada, protestó que no se le dio a los abogados defensores suficiente tiempo para estudiar las acusaciones. El fiscal había entregado el sumario por solo tres horas el día antes de iniciar el juicio. Los abogados defensores rechazaron la acusación de genocidio, ya que es un crimen cometido para exterminar un grupo étnico o social por motivos de raza, religión o política. Dicho cargo no estaba vigente en el código penal

---

[88.] El Dr. Jorge E. Pagliery Cardero (julio 29, 1906-julio 1966) se asiló en la Florida el 16 de junio de 1961 donde falleció cinco años después.

de Cuba ni en ninguna ley revolucionaria promulgada en la Sierra Maestra.

El Dr. Carlos Peña-Jústiz Arrieta[110] pidió que se presentaran las pruebas por escrito. El capitán Arístides D'Acosta se unió al reclamo, citando el Artículo 9 de la Ley de Enjuiciamiento Criminal, segundo párrafo, estableciendo que ambas partes tienen que presentar las pruebas al comenzar el juicio oral. El fiscal respondió que la evidencia sería presentada en otra oportunidad, ya que era urgente iniciar la confesión para no dilatar el juicio. Sin embargo, el Tribunal concedió un receso para que los abogados sometieran por escrito sus propuestas.

El informe acusatorio de Cejas, lleno de vehemencia y de pasión, duró hasta pasada las dos de la madrugada. Lo grabó en una cinta magnética y la envió a las radioemisoras y los periódicos de Oriente para enardecer al pueblo contra los acusados. El fiscal impidió que los alegatos de los abogados fueran radiados o aparecieran en la prensa de Santiago de Cuba. En la capital se publicaron escuetas versiones de las sesiones del juicio en el *Diario de la Marina, El Mundo, El Crisol, Avance, Excélsior* y *El País*, todos los cuales, al siguiente año, fueron clausurados por Fidel Castro.

Cejas presentó al capitán de la aviación Wilfredo Mas Machado, que fue jefe del aeropuerto de Santiago de Cuba hasta el 1 de noviembre de 1958, traído desde La Habana. El fiscal solicitó que fuese incluido en el juicio. El Tribunal rechazó la petición y ordenó que se le formara causa aparte.[111] Cejas pidió que Mas fuera examinado como testigo, a lo cual se opusieron los abogados defensores ya que luego comparecería como acusado.

El primer acusado llamado a declarar fue el primer teniente piloto Mario Bermúdez Esquivel. El fiscal le mostró unos partes confidenciales ocupados por el Ejército Rebelde en el Campamen-

---

[110] El Dr. Carlos Peña-Jústiz Arrieta, profesor universitario, representó a Gustavo Arcos Bergnes y otros tres rebeldes en el juicio por el asalto al cuartel Moncada en 1953. Fue encarcelado en Cuba durante 1961 a 1965 y falleció en 1987.

[111] Wilfredo Francisco Mas Machado fue juzgado en otra causa y el 15 de mayo de 1959 fue sentenciado a 10 años de presidio.

to Columbia. Estos informes manuscritos en una hoja modelo contienen la narración de los pilotos sobre el cumplimiento de sus misiones aéreas. Cejas le leyó a Bermúdez un informe donde él reportó el 20 de julio de 1958 haber piloteado un B-26 sobre el poblado de Bayate con seis bombas de cien libras y volando rasante. El testigo respondió que no tiró las bombas sobre el poblado y que hay una diferencia entre los partes confidenciales y lo que ellos en realidad hacían para evitar un consejo de guerra. Bermúdez admitió que el 5 de febrero de 1958 participó en algunos ataques aéreos como integrante de una patrulla de aviones sobre Oriente, pero nunca contra poblaciones civiles. Respondiendo a una pregunta del Capitán D' Acosta, Bermúdez dijo que los pilotos nunca volaban por la libre, sino cumpliendo órdenes superiores. A continuación, el fiscal le preguntó al testigo por qué no desertó o tiró las bombas en Columbia. «Yo tengo familia y no era fácil,» dijo Bermúdez.

Cejas enfatizó que él había hecho las investigaciones y leído los partes confidenciales donde los pilotos admitían con su puño y letra haber bombardeado y ametrallado poblados indefensos o humildes bohíos de campesinos, por lo que no podía permitirse que los acusados trataran de evadir preguntas directas sobre su participación en genocidios. El Dr. D'Acosta señaló que la Ley de Enjuiciamiento Criminal, el Código de Defensa Social y la Orden General Número 7 de la Ley Penal Militar, prohíbe que el fiscal también sea el investigador. Por lo tanto, iría en queja ante la superioridad. El Dr. Peña-Jústiz protestó que el fiscal trató de limitar las declaraciones de los acusados y que los cargos formados eran genéricos y no específicos.

El próximo testigo fue el primer teniente Roberto Lam Rodríguez. El fiscal le enseñó su reporte confidencial del 13 de abril de 1958, donde describe como ametralló el poblado Ají de Juana. Recuerdo que Lam estaba nervioso cuando dijo que se vio obligado a hacerlo porque iba acompañado del coronel Felipe Catasús Pazos. Tanto Lam como Bermúdez declararon que pudieron haberse fugado del país el primero de enero como hicieron otros aviadores pero no se fueron porque ellos no eran culpables de las acusaciones. Lam concluyó diciendo que llevaba más de doce años en la aviación y que su ingreso no se debió a Batista ni a nadie, sino a sus estudios. A preguntas de su abogado defensor, el Dr. D' Acosta, Lam dijo que él desvió los disparos con el juego de los pedales hacia donde no había nadie. Los abogados defensores pidieron y recibieron diez minutos para conferenciar. Al reanudarse la sesión informaron al Tribunal que les habían recomendado a los acusados que se acogieran al derecho de no declarar.

El capitán aviador Jorge Jesús Alemany Peláez,[112] piloto de un F-47 Thunderbolt de la escuadrilla de persecución, fue el primer acusado en abstenerse a declarar. El fiscal continuó las acusaciones contra los pilotos de aviones bombarderos: Antonio Pieras Bustarviejo, por bombardear el pueblo de El Jíbaro en Manzanillo; Ramón Alonso Guillot, ametrallamiento y bombardeo de varios pueblos en Oriente incluyendo Aguacate, cerca de Palma Soriano, donde cayeron dos bombas de 500 libras y 500 tiros de calibre 50; Juan Brito García, ametrallamiento y bombardeo de Maffo y otros pueblos; Manuel Iglesias Ramírez, bombardeo y ametrallamiento de varios pueblos, incluyendo Imías, Ocujal y San Luis; Jorge Alemany Peláez, ametrallamiento y bombardeo de Calabazas al norte de Alto Songo; Agustín Piñera Machín, bombardeo con seis bombas de 500 libras a diez millas del poblado El Jíbaro, en Calabazas, y Mayarí Arriba; Gustavo S. Álvarez y Ricardo Rodríguez Castro por bombardeos en diferentes lugares de Oriente; Eulalio Beruvides Ballestero, por ametrallar y bombardear Sagua de Tánamo el 23 de diciembre; Guillermo Estévez de Arco, por bombardear y ametrallar Guisa, Mayarí Arriba, y el 22 de diciembre La Maya; Francisco Chappi Yáñez, por bombardeo a Cayo Espino en Manzanillo; Roberto Pérez-Valdés Montiel, por bombardear a Ocujal y Mayarí Arriba el 21 de noviembre; Pedro Bacallao Fonte, piloto de un F-47 Thunderbolt, por bombardeo a Sagua de Tánamo y Mayarí Arriba; Luis Buría Acosta por bombardear a Maffo con un B-26, cuyos cohetes dijeron que mataron a dos niños.

---

[112] Jorge Jesús Alemany Peláez (septiembre 25, 1923-junio 18, 1986) falleció en Los Ángeles, California.

Similares imputaciones fueron formuladas contra el resto de los acusados. René Rigal Riera testificó que él era mecánico y no artillero, como se le imputaba, y que nunca había disparado contra nadie. La prueba de confesión finalizó a las diez de la noche. El fiscal pidió para los dieciocho pilotos pena de muerte por fusilamiento al igual que para los artilleros Alfredo Capote Oropesa, Nemesio Hernández y Gilberto Llip Martínez. Cejas exigió treinta años de presidio para mí y los demás pilotos de enlace y diez años de reclusión para los mecánicos como posible cómplices y encubridores. El fiscal dio lectura a las encíclicas del Papa Pío XII sobre las armas modernas como medio de exterminio de los más altos valores morales y materiales de los pueblos. El padre Chabebe, que presenció el juicio como representante de la Iglesia Católica, pensó que el fiscal lo hizo para burlarse de él. La primera sesión terminó a las 10:10 p.m.

Al día siguiente, 14 de febrero, el juicio se inició a las once menos cuarto, con la prueba de reconocimiento de las firmas de los acusados en los partes confidenciales. Los letrados defensores Peña-Jústiz, Pagliery y Aguiar objetaron que esa evidencia es propia de los juicios civiles y que como los acusados se habían abstenido de declarar al evacuar la confesión, esto contradice la admisión de esta prueba. Según el comandante Yabor, durante el juicio Fidel Castro les dijo a los magistrados que esperaba que por lo menos dieciocho de los cuarenta y cuatro acusados fueran fusilados. El padre Chabebe afirmó en sus memorias que una operadora de la central telefónica que pertenecía a su red de colaboradores le informó que había escuchado una llamada desde el cuartel de La Habana al Moncada dando órdenes de fusilar a ocho de los condenados. El cura le pasó el dato al abogado defensor Peña-Jústiz quien lo reveló ante el Tribunal. Chabebe recordó cómo se armó un gran revuelo en la sala y el Tribunal completo se levantó asombrado. Los abogados defensores fueron cuestionados por el Tribunal si no confiaban en ellos, por lo que los abogados dijeron que sí y por eso les habían dado la información. No hubo sesión el domingo, y el lunes, 16 de febrero, se suspendió el juicio porque el abogado defensor, capitán D'Acosta, tuvo que trasladarse a La Habana donde se inició un nuevo juicio contra el comandante Jesús Sosa Blanco, a quien también representaba.

En la tercera vista del juicio, el martes, 17 de febrero, declararon nueve de los 72 testigos que serían presentados. Josefina Díaz Arias manifestó que durante el ametrallamiento de San Benito, cerca de Alto Songo, mataron a una niña e hirieron a otras personas. Después hubo un intenso bombardeo que destruyó quince casas y dañó a otras quince. Algunos de los bohíos radicaban en La Prueba, municipio de Alto Songo, donde el comandante Antonio E. Lussón Batlle tenía su campamento rebelde. Éste les avisó a los campesinos que abandonaran el lugar porque iban a efectuarse bombardeos. La testigo admitió que antes de comparecer le habían explicado sobre aviones y sus maniobras personas que tenían conocimiento en esas materias. A preguntas del Dr. D'Acosta si podía determinar quiénes habían sido los pilotos agresores, dijo que solo acusaba al régimen de Batista. También aceptó que los bombardeos en San Benito ocasionaron heridas leves a dos personas y ninguna muerte.

Puriciano López, vecino de Mayarí Arriba, municipio de Alto Songo, declaró que el 3 de agosto de 1958, vio a uno o dos aviones desde un cuarto de legua bombardear y quemar su casa, resultando heridos dos de sus hijos y un primo paralítico. Dijo que la pista rebelde junto a su casa en Cananova, Mayarí Arriba, era usada por el capitán Bruno Evans Rosales Bressler para traer carga y hombres. López confirmó que allí existía un campamento guerrillero. El panadero Demetrio Danger, de Mayarí Arriba, dijo que el edificio donde trabajaba, propiedad de Jesús Clavel, fue ametrallado, bombardeado, e incendiado. El testigo admitió que a cuatro kilómetros de allí había una base rebelde. A preguntas del abogado Sigfrido Solís dijo que no podía atribuir ese bombardeo a ninguno de los acusados, así como tampoco hubo muerte alguna por causa del mismo. Yolanda López, de 17 años de edad, convaleciente de una pequeña herida en la pierna izquierda, declaró que la misma fue causada por una bala calibre 50 durante el bombardeo de La Prueba, en Alto Songo, el 20 de septiembre de 1958, donde hubo dos muertos y nueve heridos.

El próximo en declarar, José Caridad Echevarría Antomarchi, vecino de San Luis, testificó que recibió aviso del cuartel para que evacuaran las casas cercanas. Cuando iba por el campo con otros treinta campesinos fueron tiroteados desde el cuartel, resultando muerto su hijo de once años y heridas otras diez personas. A preguntas del letrado defensor, Dr. Aguiar Poveda, admitió que el tiroteo que presenció se debió a que el Ejército Rebelde atacaba el cuartel de San Luis y que no podía concretar cargos contra nadie. Después llegó la aviación ametrallando y ocasionó numerosos heridos. Juan Gualberto Rodríguez Carbonell, de La Prueba, atestiguó que cuando iba a buscar la comida a sus hijos el 20 de noviembre de 1958, fue atacado por un avión, perdió el brazo derecho y recibió varias heridas en el pecho y otros lugares del cuerpo. El testigo alegó que los pilotos trataron de ultimarlo con las hélices de los aviones, a cuyo fin descendieron lo más bajo que les fue posible, resultando así muerta una niña y herida una señora. Rodríguez admitió que en el lugar de los hechos había fuerzas rebeldes que asistieron a los heridos.

Hilda Águila Amador, de San Benito, declaró que el 6 y 7 de noviembre, dos aviones B-26 y una avioneta bombardearon su casa, cayendo en el patio una bomba que no estalló, pero que no hubo muertos ni heridos. Águila admitió, a preguntas del abogado Aguiar Poveda, que el comandante rebelde Lussón le había anticipado el bombardeo. Añadió que el 24 de febrero de 1958, los rebeldes incendiaron allí la estación del ferrocarril de Guantánamo y Occidente. Le siguió de testigo Pedro Lira Pulido, jefe de turno de la Nicaro Nickel Company, quien declaró que el 12 de noviembre de 1958, fue ametrallada por la aviación la mina «Ramona» muriendo Reinaldo Bell, el chofer de la empresa. También admitió que en Ocujal, cerca de Moa, se encontraban los rebeldes durante dicho ataque.

El próximo testigo, Esteban Sánchez Pérez, dijo que fue herido de metralla en el brazo izquierdo durante un bombardeo en La Prueba, Alto Songo, el 20 de noviembre de 1958, donde murió su hijo de once años. Afirmó que cuando cargaba agua, fue atacado por cinco aviones grandes y chicos, donde no hubo combate entre contrincantes, aunque admitió que esa mañana vio a dos rebeldes en la zona. Erlinda Pullés Fonseca, vecina de San Luis, declaró que le dijeron que la aviación le mató a su cuñado, Ricardo Labrada Pineda, el 26 de noviembre de 1958, cuando los rebeldes peleaban con el Ejército en las entradas de San Luis, donde tenían rodeado al cuartel militar. Telma Romero de Portuondo, también de San Luis, testificó que a las seis y media de la mañana del 14 de noviembre, una avioneta ametralló la población. Señaló que fue herida en los muslos y en el vientre cuando una de las balas penetró por el zinc de su casa y que fue asistida por un médico rebelde. A preguntas de un abogado defensor, Romero admitió que se libraron batallas en la víspera que ella fue herida y que los revolucionarios se apoderaron de la estación de la policía y el poblado.

    El fiscal entonces volvió a llamar de testigo al capitán de la aviación, Wilfredo Mas Machado, quien declaró que muchos de los pilotos a quienes transmitía órdenes de bombardeo que estimaba arbitrarias, no las cumplían. Dijo que él mismo no se responsabilizó con la orden del jefe del Regimiento No. 1 de bombardear las casas próximas al cuartel de Alto Songo porque los residentes allí no habían evacuado. Añadió que el capitán Jorge Alemany Peláez, jefe de las operaciones en aquella zona, estuvo de acuerdo con dicha actitud, al igual que el teniente Roberto Lam, piloto actuante en esa ocasión. El capitán Mas afirmó que tanto a él como al teniente Campbell se les había iniciado expediente por cobardía a causa de estos hechos.

    A preguntas del abogado D'Acosta, Mas admitió que diecinueve pilotos de alta significación, que actuaron por su cuenta cometiendo ametrallamientos y bombardeos de poblaciones civiles, habían huido al extranjero, evadiendo su responsabilidad criminal. El testigo estimó que ellos eran los responsables y no los acusados, a quienes estimaba inocentes y merecedores de una sentencia absolutoria. A preguntas del Dr. Peña-Jústiz y otros letrados, Mas respondió que los mecánicos no tenían absolutamente ninguna responsabilidad en estos hechos porque su función era simplemente la de hacer arreglos o reparaciones a los aviones cuando procedía, sin que intervinieran en las operaciones militares encomendadas a los pilotos. El Dr. D'Acosta, ante una aseveración del fiscal inculpando a los mecánicos, dijo que, si estos tuvieran alguna culpa en los bombardeos y ametrallamientos, también la tendrían los que pintaban los aviones o les suministraban gasolina. Esto motivó murmullos de aprobación en el público, teniendo que llamar al orden el presidente del Tribunal agitando la campanilla.

El testigo Mas hizo constar que los coroneles Carlos Tabernilla, Felipe Catasús Pazos, y demás fugitivos, podían realizar y realizaron sus ataques aéreos a las poblaciones indefensas sin tener que llenar informes confidenciales ni de ninguna otra clase a los superiores. Dijo que los demás pilotos para evadir el cumplimiento de las mencionadas órdenes arbitrarias tenían que mentir en sus informes confidenciales para evitarse las represalias, y así lo hicieron en la mayoría de los casos. Solo así se explica lo ineficaz de los ataques de la aviación, y de ahí el fácil triunfo de la fuerza rebelde. A pesar de dicho testimonio, a mí me consta que ningún oficial de alto mando de la FAE jamás voló en operaciones sobre la Sierra Maestra excepto el coronel Antonio Soto Rodríguez, durante quince días seguidos, cuando era jefe de la patrulla aérea en Bayamo.

Mas añadió que tanto él como los pilotos que se encontraban en el banquillo de los acusados podían haberse ido con sus aviones al exilio y no lo hicieron porque no tenían delito alguno que los obligara a hacerlo. Añadió que actuó en septiembre y octubre de 1958 sin que nunca dispusiera de bombardeos de poblaciones y que supo que aviadores que se negaron a bombardear Cienfuegos durante el alzamiento del 5 de septiembre de 1957 estaban presos a la caída del régimen. El Dr. D'Acosta resumió que no se podía acusar por genocidio a los acusados por no estar vigente ninguna ley en el país, ni en el código promulgado en la Sierra Maestra, que sancionara distintas modalidades de ese delito.

El Dr. Peña-Jústiz impugnó la legitimidad del juicio y puso ejemplos dirigidos a demostrar sus apreciaciones. El letrado Jorge Pagliery hizo un análisis doctrinal del delito, concluyendo que los aviadores y demás acusados no merecían sanción alguna. Los doctores Luis Aguiar Poveda y Augusto Portuondo Bello pidieron la absolución de sus defendidos por estimar que el delito que se les imputaba no había sido probado, ni el mismo forma parte de nuestro derecho positivo. Mi abogado defensor, Recaredo García, fue el que presentó la defensa más débil de todos los abogados. A las once de la noche terminó su informe el Dr. Sigfrido Solís de León a favor de los mecánicos y artilleros, citando órdenes impartidas hasta por Simón Bolívar como ejemplos históricos de sobre la apreciación genérica de delito.

La cuarta sesión del juicio se inició el miércoles, 18 de febrero. El fiscal Cejas dijo a los reporteros que el comandante Pedro Luis Díaz Lanz, jefe de la FAR, fue quien decidió que el juicio se celebrara en Santiago de Cuba y no en La Habana. Esto se debió a las distancias a cubrir por los testigos, incluso a caballo, teniendo que permanecer en la ciudad por cuatro días esperando su turno en el juicio para declarar. El primer testigo de la fiscalía fue el civil Armando Columbié Peña, quien dijo ser vecino del barrio Las Calabazas en Sagua de Tánamo. Aseguró que el 5 de septiembre de 1958, su esposa, dos hijos y un tío murieron cuando su casa fue bombardeada por la aviación y que él resultó herido en una pierna. Precisó que una avioneta fue seguida por dos aviones que dejaron caer once bombas que redujeron a escombros o cenizas las cinco casas que allí había. Aclaró que su casa estaba próxima a una pista de aterrizaje para aviones construida en 1943. Un abogado defensor le preguntó si reconoció a algunos de los acusados como los tripulantes de los de los aviones que atacaron el caserío y respondió negativamente. Dijo que él se había escondido cuando escuchó los aviones y que después del ataque vio entre los escombros de su casa los cuerpos ensangrentados de sus amigos, a quienes ayudó a enterrar. El Dr. D'Acosta le preguntó los nombres de las víctimas y el testigo dijo no saberlos. Tampoco pudo señalar donde estaban enterrados los cadáveres, por lo que el abogado defensor pidió que se anulara su testimonio. Seguidamente, el fiscal Cejas dijo al Tribunal que uniera a la causa el certificado médico que él solicitó al juez de instancia de Sagua de Tánamo. El abogado Peña-Jústiz pidió que se leyera los certificados para el beneficio de la defensa.

Antonio Hernández Matos, comerciante de la zona cafetalera Naranjo Agrio de Sagua de Tánamo, testimonió que el 21 de noviembre siete aviones lanzaron bombas incendiarias y explosivas que destruyeron doce casas, incluyendo la suya de tres plantas, valorada en $60,000. Indicó que perdió 2,500 quintales de café de trilla almacenados. A pregunta del capitán D'Acosta, dijo no le fue posible identificar por su número a los aviones atacantes. Añadió que solo vio una avioneta pintada de oscuro pero que no pudo identificar a su piloto. Siguió el testimonio de la campesina Clara Salgado Campos, vecina de La Herradura, del barrio Chavaleta Norte de Mayarí, declarando que diecisiete pases de ráfagas de ametralladoras de aviones cayeron sobre su casa y otras tres vecinas el 24 de diciembre de 1958, hiriendo a su hija de cinco años, Clara Emelia López. Presentó a su hija ante el Tribunal y demostró cicatrices de heridas en la pierna derecha y la espalda que dijo fueron producidas por balas calibre 50. El Dr. D'Acosta le preguntó a la testigo si por allí no estaban o habían estado tropas rebeldes y ella respondió negativamente. Añadió que como a dos kilómetros había un campamento de aviación militar pero no sabía si era del Ejército o de los rebeldes. Ella dijo que vio una avioneta negra y otra azulita sin poder ver a los que las volaban disparando.

Daisy Torres Silva, de 23 años, se presentó ante el Tribunal cargando a su sobrino de dos años, Alexis García Torres. Manifestó que, a las once de la mañana del 20 de noviembre de 1958, tres aviones grandes y dos chiquitos atacaron a La Prueba, en Alto Songo. Mostró una cicatriz en el muslo izquierdo de su sobrino, quien fue alcanzado por la misma bala que su madre Araceli. La testigo enseñó las cicatrices que dijo fueron producidas por nueve balas calibre 50 y metralla. Afirmó que su hermana Araceli, un hijo de Pascual Verdecia y otros vecinos murieron durante el ataque. Al preguntarle el comandante Pena si era familia, amiga o enemiga de los acusados, la testigo dijo: «Tengo que ser enemiga de ellos porque causaron la muerte de mi hermana.» El fiscal le preguntó a qué ella atribuyó el ataque, si por allí no había rebeldes, y contestó, «esta gente son unos asesinos que no creen en nadie.» Luego respondiendo a preguntas del Dr. Recaredo García admitió que por allí hubo un combate entre rebeldes y el Ejército unos días antes. A pregunta del Dr. D'Acosta dijo no reconocer a ninguno de los acusados.

José Antonio Duvalón González testificó que el 12 de noviembre, en la casa contigua a la suya en Maffo, en el municipio de Jiguaní, cayó una bomba y que su casa y otras fueron ametralladas por la aviación. Dijo que no podía explicarse la razón por la cual no resultaron muertos o lesionados él ni sus diecisiete familiares que estaban allí en ese momento ni que como en ese suceso no hubo víctimas. Admitió que cuando ocurrían bombardeos y ametrallamientos allí era porque había habido combates entre el Ejército y los rebeldes. La lucha duró más de veinte días hasta que se rindieron los soldados que estaban en el edificio del Banco de Fomento Agrícola e Industrial (BANFAIC). José Manuel García Gudiña, vecino del caserío de siete casas Cruce de Macario, entre Contramaestre y Maffo, dijo que, a las ocho de la mañana del 21 de diciembre, dos B-26 lanzaron bombas que mataron a dos niños y una cayó a veinticinco metros de la cocina de su casa. Declaró que Soleris Ferro Fonseca, de once años, y Ángel Gil Marino, de trece años, murieron cuando corrían hacia un refugio. Añadió que no vio soldados rebeldes por aquel lugar, pero admitió que cerca se libraba un intenso combate.

Al iniciarse la quinta sesión del juicio, a las tres de la tarde del jueves, 19 de febrero, el Tribunal rechazó la petición de los abogados D'Acosta y Pagliery pidiendo que se identificaran los distintos tipos de aviones. El primer testigo, Martín Sendra Soler, fue llevado en camilla, ya que su torso estaba enyesado. Demostró ante el Tribunal las cicatrices de las heridas que dijo haber recibido cuando un avión ametralló un camión donde él y otras dos personas se dirigían al embarcadero cerca de Imías el 23 de noviembre de 1958. Presentaba dos heridas en el brazo derecho, el abdomen, y la pierna derecha, que dijo eran de balas calibre 50. Sendra testificó que el avión era grande pero no podía distinguir si fue una avioneta o un bombardero. Precisó que no había visto soldados rebeldes en el tiempo que estuvo allí hasta el 7 de diciembre, pero que días antes cerca de allí se habían librado combates.

Luego varios testigos ofrecieron dramáticos relatos sobre el ametrallamiento del poblado de San Antonio del Sur, en Guantánamo. Uno de ellos, Leoncio Rojas Fernández, dijo que los pilotos eran enemigos de él, aunque no los conocía personalmente. Declaró que la avioneta número 18 [de Edelso Rodríguez] ametralló las casas y lanzó veinte granadas sobre el pueblo, donde no había rebeldes, media hora antes que llegaran las tropas del Ejército. De seguido, Eusebio Camejo Ferrero atestiguó que el previo 13 de junio, cuando iba con una carretilla cargada de botellas, fue ametrallado y herido por la avioneta 18, junto con otros dos muchachos. Expresó que no había rebeldes ni campamento de los mismos en San Antonio del Sur. Ernesto Sánchez Rodríguez, de 16 años, testificó que al sentir el ataque de la avioneta buscó refugio en un local y allí fue ametrallado. Añadió que el ataque fue a las nueve y media de la mañana, contradiciendo a los demás testigos que dijeron fue poco después de las ocho.

La joven Marylin Rodríguez expresó que varios aviones habían bombardeado Imías el 13 de marzo de 1958, antes de que los rebeldes atacaran el cuartel de la Guardia Rural. Dijo que dos aviones tipo caza dejaron caer sobre Imías dos bombas y considerable cantidad de metralla. Rodríguez declaró que en el ataque participaron aviones grandes, sin precisar cuántos motores tenían. Añadió que no existía campamento guerrillero en dicho pueblo pero sí había soldados rebeldes y que cinco días antes hubo combate con una columna militar de infantería que entró procedente de Guantánamo. El soldado rebelde Eudocio Jiménez Azahares, actual jefe militar de Imías, refirió que no se encontraba en aquel pueblo cuando fue ametrallado y bombardeado, pero que el bombardeo era evidente, pues aún hay casas destruidas y evidencias de explosión de las bombas en lugares cercanos.

El Tribunal recibió un informe que peritos calígrafos estaban cotejando las firmas de los acusados que aparecen en los informes de vuelos ocupados en el Estado Mayor, los cuales relatan todas sus actividades. También comenzó a realizarse las pruebas fotográficas a fin de determinar si correspondían a los pueblos destruidos por los bombardeos. Los abogados defensores protestaron esta evidencia debido a que son peritos distintos a los propuestos por el fiscal y admitidos por el Tribunal. Algunos testigos de la defensa dijeron que los campamentos rebeldes se hacían dentro de los pueblos de la sierra, quedando estos así convertidos en objetivos militares; que los 29 pilotos que ametrallaron a los rebeldes huyeron de Cuba cuando se fue Batista; que la destrucción de Sagua de Tánamo había sido hecha por el mismo Ejército Rebelde, al mando del comandante Lussón, con bazucas e incendiando las casas según iban desalojando al Ejército de ellas; que las fotos de cráteres de bombas lo mismo podían ser de bombas de aviones que de bombas de tierra sembradas en emboscadas por el mismo Ejército Rebelde.

La prueba testimonial continuó con Rubén Cuervo Barrera, director de la Escuela No. 2 de varones de Sagua de Tánamo, quien dijo que durante el ametrallamiento en la tarde del 23 de septiembre muchos de los 365 alumnos resultaron enfermos de los nervios. No hubo víctimas porque la población había sido evacuada. A continuación, depusieron Encio Viñal Arrieta y Ricardo Luguera Pérez, de Sagua de Tánamo, quienes dijeron que el 5 de diciembre un avión lanzó en paracaídas guacales de cajas de balas para la guarnición militar que estaba rodeada y que uno mató a la niña hija de Cristina Lamothe. Tomás Tamayo García testificó que una avioneta bombardeó el techo de su casa en Maffo el 14 de diciembre, pero no pudo aportar detalles al Tribunal, porque se fue de aquella población.

Donato Iznaga, de unos cincuenta años, atestiguó que quedó inválido de ambas piernas como consecuencia del ametrallamiento de tres aviones el 14 de noviembre cuando con unos cuarenta vecinos huían hacia las afueras del pueblo. Afirmó que su hijo había resultado muerto. Rolando Chacón García, de La Lima, Guantánamo, declaró que cinco aviones arrasaron allí con más de cien casas, incluyendo la suya, con bombas incendiarias el 28 de mayo de 1958, sin haber víctimas. Tres días después, allí hubo un combate entre el Ejército y los rebeldes. Dijo que quedó sordo a consecuencia de las explosiones de los bombardeos.

En sexta sesión del juicio, el 20 de febrero, el primer testigo de la defensa fue René García Fernández, quien fue piloto de combate de un F-47 Thunderbolt en la FAE hasta ser expulsado en 1953 por discrepar con el coronel Catasús cuando comparó a Fulgencio Batista con José Martí. García pasó a Cubana de Aviación y el día antes del juicio se incorporó a la FAR. Yo le había dicho a mi hermano Antonio una semana antes que le pidiera a García que testificara en el juicio. El piloto declaró que la aviación no es independiente y que trabaja en conjunto con y auxilia a las fuerzas terrestres. El objetivo militar es señalado por la infantería, quienes están encargados del desalojo de la población civil antes de un ataque aéreo. García afirmó que los mecánicos no tienen intervención en las misiones aéreas ni se les ilustra al respecto. Solamente están encargados del mantenimiento de los aviones, por lo que no tienen responsabilidad alguna en los sucesos de guerra.

    García exoneró de culpabilidad a todos los mecánicos y artilleros. Declaró que los acusados eran inocentes y que los culpables eran los 29 pilotos que huyeron con Batista. Añadió que la mayoría de los enjuiciados no cumplían las órdenes que recibían, ya que el primer teniente Gustavo Somoano Álvarez le había dicho varias veces en el aeropuerto de Camagüey que él y sus compañeros estaban batiendo el record de no dar en los blancos. El testigo señaló que en la acusación contra los pilotos no se les implica en la muerte de ningún soldado rebelde por los bombardeos aéreos, lo cual demuestra que los aviadores no cumplían las órdenes recibidas. Dijo que, en contraste, en la guerra de Corea el 42 por ciento de las bajas del enemigo ocurrieron a consecuencia de los ataques de los B-26. García aclaró que estando en la pista de Camagüey pudo observar que llegó un bombardero tripulado por el teniente Somoano que presentaba perforaciones por proyectiles que fueron disparados por las tropas rebeldes. Su testimonio duró más de una hora.

    La prensa reportó que García hizo «elogios sobre la conducta, sentimientos humanos y aplicación" del teniente Carlos Lazo Cuba quien se negó a bombardear el Hotel Palma en Palma Soriano y que "no lo consideraba capaz de bombardear y ametrallar a poblaciones indefensas.» García también exoneró a todos los demás acusados. Otro de los que testificaron a mi favor fue el capitán

Eduardo Ferrer del Castillo, ex piloto del Ejército, quien fue encarcelado en 1957 por conspirar contra el gobierno de Batista. Él había sido mi jefe en la FAE y también me dio clases de vuelo por su cuenta. Ferrer testificó que yo era una persona correcta y que él no creía las acusaciones que me hacían. Añadió que Manuel Iglesias estuvo implicado en la sublevación de Cienfuegos. El alférez de fragata Maximino Chacón Alpízar testificó que yo le dije en diciembre que yo no atacaría a poblados civiles que no habían sido evacuados, pero que él no podía asegurar si yo lo había hecho o no.

La siguiente prueba pericial de fotógrafos y de técnicos en explosivos duró más de cuatro horas y produjo conclusiones contradictorias y polémicas con una de las pruebas y absoluta coincidencia de criterios respecto a la otra. El Dr. D'Acosta protestó que el capitán del Ejército Benigno Díaz Doval no podía tener la doble condición de perito y testigo por lo que fue rechazado. El Tribunal aceptó la proposición que el primer teniente de la FAR Francisco Eloy Núñez Rivero actuara como perito sobre cuestiones fotográficas al igual que el camarógrafo de CMQ Elías Sánchez. Como los criterios orales de ambos peritos resultaron discrepantes, se les pidió que emitieran por escrito su testimonio. Se presentaron como evidencia más de cien fotografías tomadas en los lugares bombardeados. Sánchez informó que las fotos de la ciudad de Sagua de Tánamo usadas como evidencia eran originales y no habían sido alteradas o retocadas. Afirmó que las huellas de bala en las paredes que aparecían en las fotos fueron disparadas desde un punto superior y que los cráteres en la tierra aparentaban ser de bombas aéreas.

Sin embargo, Núñez declaró que los cráteres le parecían tierra removida en solares yermos y que los impactos en las casas destruidas no se podían precisar si fueron hechos de arriba o de minas puestas abajo. Señaló que no observó impactos de balas en los techos de las casas aunque en algunas hay señales de perforaciones irregulares. El fiscal insultó e increpó duramente a Núñez, llamándolo «perjuro» e interesando del Tribunal su detención. Esto produjo una protesta de los abogados defensores que lo consideraron una intimidación al perito y a los demás testigos de la defensa que esperaban declarar. El presidente del Tribunal concluyó la polémica cuando aceptó el informe del teniente Núñez.

Esa noche testificó el primer teniente piloto aviador José Laffite Franco, sancionado como conspirador de la sublevación de Cienfuegos en 1957, quien aseguró que en dicha confabulación estaban comprometidos los pilotos Beruvides, Buría, Chappi, Somoano y Pérez-Valdés. Sin embargo, me consta que esto no era cierto y lo dijo para ayudarlos. Laffite estuvo en la FAR hasta julio de 1959, cuando pidió le dieran de baja. Su tío, Enrique Laffite Espinal, participante en la conspiración, también declaró a favor de los pilotos encausados.

El sábado, 21 de febrero, se abrió la séptima vista con el sargento de la FAE Tomás González Matos y el soldado rebelde Félix Alfonso quienes dieron el dictamen sobre explosivos y otros particulares. Ambos declararon que los casquillos de balas de ametralladoras no pueden caer sobre los objetivos hacia el cual se dirigían los proyectiles a distancia. Este extremo modifica la afirmación hecha en anteriores sesiones relativa al ametrallamiento aéreo a una escuela pública de Sagua de Tánamo, en razón de que los casquillos ocupados fueron entregados como caídos sobre el plantel. También hicieron constar los peritos que las bombas lanzadas que no explotaban se debían a desperfectos en su fabricación o la insuficiente altura, al no poder la pequeña hélice que cada bomba tiene hacer funcionar las espoletas y producir la detonación. El fiscal le pidió a González que relatara lo que había visto en su recorrido por Oriente en los pueblos que fueron atacados.

El Tribunal acogió la protesta de los abogados defensores de limitar la intervención de los peritos a determinar el calibre de las cápsulas de ametralladora; de una bomba de 500 libras sin explotar; y una pieza de acero deformada correspondiente a parte del motor impulsor de un cohete de fabricación norteamericana. Entre las evidencias de la fiscalía había un casco vacío de bomba de 500 libras, colocado junto al estrado de los testigos, por el mismo fiscal, con pintura fresca marcada «Made in USA,» la cual manchó las manos de algunos testigos. Cuando Cejas apuntó hacia el artefacto, los corifeos en la sala irrumpieron con gritos de «Cuba sí,

Yanqui no,» lema creado por Max E. Lesnick Menéndez,[113] que dio inicio a la campaña castrista contra el «imperialismo yanqui.» El próximo testigo fue el afrocubano Agustín «Thompson» Díaz Cartaya, asaltante del cuartel de Bayamo en 1953 y autor del Himno del 26 de Julio, quien dijo que conocía al teniente Roberto Lam Rodríguez, quien «no es capaz de bombardear y ametrallar al pueblo.» Luis Rubí Ibis, médico de la aviación militar declaró que muchos pilotos fingían estar enfermos para no venir a Oriente a actuar, y que el acusado teniente Guillermo Estévez de Arco le dijo en una ocasión que le diera de alta para irse de Cuba en un avión.

El capitán de la Aviación Naval, Rafael Castro San Román, quien estuvo encarcelado por conspiración hasta en primero de enero, testificó que Iglesias estuvo conspirando con él. Esta aseveración no era cierta y la hizo para ayudar a su amigo de niñez. El teniente Claudio Rey Moriñas fue otro de los testigos que se pronunció en favor de los acusados. Amable Meléndez, telegrafista en Camagüey, también defendió a los pilotos encausados. Los testigos señalaron que algunos acusados prestaron servicios a la revolución y estaban preparados para pasarse al campo rebelde, no consumándolo, debido a la sorpresiva huida de Batista. Igualmente afirmaron que algunos de los pilotos prestaron servicios después del primero de enero, citando entre ellos al capitán Somoano y al teniente Mario Bermúdez, que volaron aviones al extranjero y rechazaron la invitación que se les hizo para quedarse allí, por entender que tenían su conciencia limpia y que no cometieron ningún delito.

Los testigos que depusieron en la octava sesión fueron Álvaro Prendes Quintana,[114] ayudante general de la FAR; Aurelio

---

[113] Max Edgardo Lesnick Menéndez (septiembre 8, 1930–) vendedor de fritas en La Habana cuyo padre Samuel era un Bolchevique ruso que huyó a Cuba tras las purgas de Stalin contra los judíos. Propagandista del Segundo Frente del Escambray que emigró a Miami con los dirigentes de la agrupación en enero de 1961. Fundó el semanario *Réplica*, que cerró después que el Rev. Manuel Espinosa lo denunció como un agente castrista. Desde entonces, se dedicó abiertamente a realizar propaganda castrista por lo que fue condecorado por Fidel Castro.

[114] Álvaro L. Prendes Quintana (diciembre 24, 1928–agosto 23, 2004) En el verano de 1993 desertó a la Florida en bote con su familia.

Martínez Leiro, teniente piloto; sargento mecánico Gerardo Fernández; capitán Jorge Merlo Loredo, jefe de servicios mecánicos de la aviación militar; teniente José Raúl Planas de la Torre; doctor Eduardo Roca, ex concejal de Manzanillo y soldado rebelde, quien estuvo en la Sierra Maestra varias veces y cumplimentó misiones ordenadas por Fidel Castro. Prendes, quien estuvo preso en Isla de Pinos los previos dieciséis meses por haber conspirado en el alzamiento de Cienfuegos en 1957, declaró que era Ayudante General de la FAR y tercero en el orden jerárquico. Dijo que participó en la ocupación de los archivos de la Fuerza Aérea que no fueron destruidos porque los oficiales que huyeron no tuvieron tiempo de hacerlo. Añadió que el examen de esos archivos devino documentación que sirvió para abrir la investigación e iniciar la actual causa.

Prendes dijo que también participó en la detención de más de cuarenta oficiales sobre los cuales había sospechas. Expresó que después de la huida de Batista, algunos pilotos, bajo órdenes de Fidel Castro, prestaron servicios a la revolución, como los primeros tenientes Gustavo Somoano Álvarez, Eulalio Beruvides Ballestero, Mario Bermúdez Esquivel y Roberto Lam Rodríguez, que volaron a la Florida para recoger un avión en Miami y otro en Daytona Beach que se usaron en la fuga de oficiales. Ellos regresaron a Cuba a pesar que el capitán Antonio Soto Vázquez, que se había llevado un B-26 de Camagüey les dijo que no regresaran. Sobre la conducta de los acusados, Prendes afirmó que algunos lanzaron bombas en «salvo» para que no explotaran pero que otros no lo habían hecho. Dijo que los pilotos militares que huyeron el primero de enero «no creían en objetivos civiles.»

El sargento mecánico Gerardo Fernández Fernández y el ex jefe de los Servicios Mecánicos de la FAE, capitán Jorge Merlo Loredo, ambos incorporados a la FAR, coincidieron en declaraciones en cuanto a fecha, hora y circunstancias en que el capitán Manuel Iglesias, en acción que ellos consideraron peligrosa para su vida, regresó al aeropuerto militar de Columbia el 30 de diciembre de 1958, con cuatro cohetes en las alas de su avión que se le había ordenado disparar contra el céntrico edificio de la Audiencia de

Santa Clara. Merlo añadió que había escuchado al capitán Iglesias expresar inconformidad con la forma en que se verificaban las operaciones militares aéreas y de crítica y censura al gobierno de Batista. El testigo dijo que oyó a Iglesias decir que por ello dejaba caer las bombas en «salvo» para que no explotaran al caer. Merlo expresó que los aviadores del Escuadrón de Persecución estaban en franca rebeldía con las normas tácticas de sus jefes, los coroneles Tabernilla, García Báez, Catasús y Antonio Soto Rodríguez, y que los Tabernilla y Catasús realizaban acciones por la libre, que no eran objeto de reporte escrito. El testigo afirmó que el acusado capitán Antonio Pieras Bustarviejo, de 65 años y nacido en España, no era piloto, mecánico ni artillero, sino un oficial de infantería cuya misión era la de enseñar conocimientos militares generales a los pilotos. Añadió que Pieras era su amigo, compañero y socio en la operación de un taller de mecánica en un aeropuerto civil.

El próximo deponente, José Raúl Planas de la Torre, quien estuvo encarcelado hasta el primero de enero con el coronel Ramón Barquín y otros por la Conspiración de los Puros en abril de 1956, afirmó que el capitán Iglesias estuvo vinculado a aquel movimiento insurreccional. Indicó que la caída del gobierno de Batista interrumpió las negociaciones que se realizaban para que Iglesias se pasara a las fuerzas rebeldes con su avión. Ya se había designado a la persona que debía entrevistarlo y transmitirle el recado de Fidel Castro y del representante Liberal doctor Eladio Ramírez León, señalando la pista de aterrizaje cerca del Central Estrada Palma en el municipio de Manzanillo donde podía desertar con su avión.

Otro testigo a favor de Iglesias fue el piloto Aurelio Martínez Leiro, encarcelado por la conspiración de Cienfuegos y miembro de la FAR, quien dijo que el acusado tenía conocimiento de la confabulación y que la revolución tuvo interés que se mantuviera en la Fuerza Aérea de Batista. El representante Auténtico Manuel de León, quien estaba emparentado con Iglesias, testificó a favor de su carácter honorable. El doctor Santiago Somodevilla Parra, primer teniente médico de los pilotos aéreos, testificó a favor de algunos de ellos. Declaró que Francisco Chappi Yáñez se le presentaba para que le certificara que estaba enfermo. También dijo que escuchó cuando el general Winsy Tabernilla le dijo al capitán Juan Brito García: «Negro, estás empapelado; es la segunda vez que te cojo tirando las bombas en salva con el alambre que no las dejaba explotar.» Somodevilla dijo que accedió a la petición del teniente Guillermo Estévez para retirarlo de servicio, a lo que el coronel Catasús respondió: «A Estévez le parto yo el pescuezo.»

El padre capuchino Bernardo Olazábal declaró en favor del piloto Roberto Pérez-Valdés: «Yo creo que un cristiano cumple con su deber, disparando las armas, porque si los contrarios tuvieran las mismas armas, obrarían igual.» Añadió que los bombardeos, «no son criminales cuando van dirigidos a un objetivo particular de guerra.»

Después testificaron los ingenieros civiles Octavio Navarrete Kindelán y Jorge Fernández Mascaró, y la esposa de este último, Sra. Estela García. Declararon que el piloto Gustavo Somoano Álvarez les había dicho el previo año que si le daban órdenes de disparar contra la población abierta no lo haría. Raúl Almeida Rodríguez atestiguó que, a las siete de la mañana del 14 de noviembre de 1958, fue herido en su casa en Martí número 30, San Luis, por la metralla de una avioneta. El testigo levantó su camisa para demostrar la cicatriz de una herida en la espalda. Agregó que luego dos aviones B-26 bombardearon lugares cercanos a esa población cuando los rebeldes atacaron objetivos militares.

Juan Evangelista Reyes, quien dijo ser veterano de la Guerra de Independencia, compareció ante el Tribunal con su nieta de doce años, Etelvina Reyes Pozo, testificando que fue herida en un bombardeo a San Luis el 14 de noviembre. Cuando el Dr. D'Acosta le preguntó si podía reconocer a algunos de los acusados, respondió indignado, «Lo que hay es que fusilarlos a todos.» Al D'Acosta precisarlo sobre los detalles de sus acusaciones, insistiendo que como veterano no debía dar falso testimonio, le respondió que todo lo que él dijo se lo había pedido el hombre de la gorrita verde olivo y señaló con el dedo al fiscal Cejas. La niña comenzó a llorar cuando demostró al Tribunal una gran cicatriz en el brazo izquierdo. La próxima testigo, Emiliana Quiñones, también de San Luis, se levantó el corpiño para enseñar una gran cicatriz en la espalda que dijo fue producida por la metralla de una avioneta negra el 13 de noviembre de 1958. Admitió que la noche anterior los rebeldes habían tomado la Jefatura de la Policía Nacional y el Ayuntamiento de San Luis.

Al iniciarse la octava sesión del juicio, el miércoles, 25 de febrero, los abogados Arístides D'Acosta y Jorge Pagliery pidieron se les entregara, para ser examinada, la prueba documental. Esta consistía en los expedientes iniciados por quejas y denuncias hechas contra los acusados por negarse a cumplir órdenes de bombardeo y ametrallamiento contra ciudades y poblados en atención a su población civil. El Tribunal acordó continuar con el informe del Fiscal y después acceder a la petición de los letrados defensores.

El Fiscal Cejas comenzó su informe mencionando distintas guerras internacionales en las que ciudades fueron bombardeadas y los pilotos nunca fueron juzgados como criminales de guerra. Dijo que el actual caso era el primero en que pilotos, artilleros y mecánicos han sido juzgados por estar acusados de ametrallamientos y bombardeos de poblaciones indefensas. Había que dejar un ejemplo para el mundo, señaló Cejas. Pidió para los pilotos la pena de muerte por fusilamiento; 30 años de presidio para doce acusados; pena de 10 años para dos y para otros cinco años, así como la absolución de dos mecánicos.

En las primeras ocho sesiones del juicio no se comprobó ninguna de las acusaciones que se hacían contra mí y mis compañeros. El testimonio de los oficiales de la FAR René García Fernández y Eduardo Ferrer del Castillo me exoneraba de cualquier culpabilidad. La fiscalía tampoco pudo comprobar que hubo genocidio contra la población civil. Los testigos que presentaron heridas señalaron que hubo combates en dicha ocasión o que residían cerca de campamentos rebeldes. El gobierno fabricó evidencia falsa como el recién pintado casco vacío de una bomba de 500 libras. Los testigos del gobierno fueron amaestrados por el fiscal para dar falso testimonio. Uno dijo que una bomba cayó sobre su casa pero no pudo explicar cómo no hubo ningún muerto o herido entre sus diecisiete familiares allí congregados. Otro testigo no sabía los nombres de las víctimas de un bombardeo ni supo señalar el lugar donde los enterró. Como resultado los abogados defensores pidieron anular el testimonio de ambos. A pesar de todos estos hechos favorables, me sentía pesimista y esperaba el peor resultado de ese simulacro de juicio después que el Fiscal pidió que aplicaran la pena de muerte a los pilotos.

CAPÍTULO V

«Primero la sentencia. El veredicto después»

Al comenzar la novena sesión del juicio, el 26 de febrero, el fiscal Antonio C. Cejas Sánchez rindió durante siete horas un informe donde, entre otros párrafos, expresó: «Que la revolución cubana juzga a los pilotos, artilleros, y mecánicos quienes durante casi todo el año 1958 asolaron, diezmaron, y desbarataron todos los pueblos, caseríos, aldeas y ciudades de la provincia de Oriente.» Los abogados defensores entonces estuvieron hasta tarde en la noche respondiendo a las acusaciones. Arístides D'Acosta denunció al fiscal por su apasionamiento en el caso, por pedir la detención del testigo Wilfredo Mas Machado y del perito Francisco Eloy Núñez, y el ataque al padre capuchino Bernardo Olazábal, cuando testificó a favor de Roberto Pérez-Valdés Montiel. El letrado planteó como una transgresión de la ley el hecho de que el fiscal Cejas fuera también instructor de la causa. D'Acosta rindió un informe sobre el Derecho Internacional por estimar improcedente y sin amparo en norma legal alguna la cualificación del delito de genocidio contra los acusados. Enfatizó que dicho delito, aprobado por la convención de las Naciones Unidas, no es vigente en Cuba por no existir en el código penal de la república ni en el de la Sierra Maestra. Como no es posible castigar por un delito que no haya sido previamente establecido, no se les puede aplicar a los pilotos acusados. En el caso hipotético de que estuviera vigente ese delito, es aplicado en caso de exterminio de ciudades para aniquilar un grupo étnico o social por motivos de raza, religión o política, muy al margen de las circunstancias que rodea al actual proceso.

D'Acosta afirmó que es indiscutible que los pilotos acusados no centraban sus ataques a las poblaciones civiles ni a los objetivos militares, como afirmaba el fiscal, y puso como ejemplo que solo ocho personas resultaron muertas y dieciséis heridas, según afirmaciones del fiscal, por acción de la aviación, pese a que el ataque se prolongó por más de cuatro meses, tomando parte aviones de mayor capacidad de ataque y bombardeo, realizando más de 600 misiones de bombardeos y ametrallamiento. El letrado dijo que, si la conducta de los acusados fuera de la peligrosidad atribuida por el fiscal, el empleo de 5,000,000 de balas calibre cincuenta y 6,080 bombas sobre Oriente, hubiera causado daños de mucha mayor consideración. El escaso número de bajas indica que los aviadores tiraban las bombas donde no causaban daños o las dejaban caer con el seguro puesto para que no detonaran. El Ejército Rebelde usó esas mismas bombas sin estallar para fabricar minas que usaron contra las fuerzas armadas de Batista. D'Acosta dijo que en Sagua de Tánamo solo cayeron dos bombas en sus proximidades y dicha ciudad resultó destruida por el fuego recíproco del Ejército y los rebeldes.

    El abogado defensor también puso como ejemplo que los aviadores no obraban por su cuenta, sino que actuaban cumpliendo órdenes del mando militar en tierra. Señaló el hecho narrado en un folleto del Movimiento 26 de Julio, describiendo la batalla de El Salto, donde el mando rebelde se apoderó de la clave con la cual se comunicaba el Ejército de Batista con su aviación y utilizando esa clave lograron que la aviación equivocadamente bombardeara la guarnición militar de El Salto. Antes de terminar su informe, D'Acosta leyó una carta del sacerdote católico Jorge Bez Chabebe, en la que asegura que los muertos y heridos en la mayoría de Oriente fueron causados por accidentes de guerra y no por la intención expresa de los aviadores de atacar a las poblaciones civiles. Había que felicitar a los aviadores por la ineficacia de los bombardeos que cooperaron con el triunfo de la revolución. El letrado Jorge Pagliery finalizó con los mismos argumentos que D'Acosta y refutó al fiscal el señalamiento del acusado Francisco Campbell por el hecho de que hayan dicho que vieron a un piloto negro disparar, ya que en la FAE había unos cinco pilotos afrocubanos.

    Los sacerdotes Francisco Guzmán, quien ayudó a redactar la proclama de rendimiento incondicional del Ejército, y Chabebe, transmitían todas las tardes el rosario en el programa radial «Con la Cruz y la Estrella,» orando: «Rogamos a la Virgen de Fátima, para que interceda con Nuestro Señor Jesucristo y logre que se haga la luz de la justicia, encima de las pasiones políticas, que esa Justicia Humana, sea atemperada por la inspiración divina de la clemencia cristiana.» El arzobispo Monseñor Enrique Pérez Serantes había declarado: «No se eche en olvido que, no es mejor la fama del juez riguroso, que la del compasivo.»

En la tarde del 2 de marzo, tras dos semanas de proceso judicial, ante un público que colmaba la Sala del Pleno, el Tribunal revolucionario dictó fallo absolutorio a favor de los aviadores, mecánicos y artilleros que fueron juzgados por los bombardeos y ametrallamientos en Oriente. Los acusados, 20 pilotos, 15 artilleros y 8 mecánicos, escucharon el veredicto estando en atención marcial en medio de un silencio imponente.

El secretario del Tribunal leyó el siguiente fallo absolutorio: «Resultando probado que durante el próximo pasado año de 1958 y muy especialmente en los últimos meses de mismo año, aviones de la dictadura, piloteados por los acusados en este proceso, así como por otros que abandonaron el territorio nacional temerosos de la responsabilidad que hubieran podido cometer, ametrallaron en unas oportunidades y bombardearon en otras o ambas a la vez, distintos puntos y lugares de esta provincia de Oriente, entre los que se pueden señalar los de Sagua de Tánamo, Ocujal de Mayarí, San Benito, Bayate, La Prueba, Maffo, San Luis, Calabazas, Mayarí Arriba, San Antonio del Sur y otros, causando ocho muertos y diez y seis heridos, entre otros y daño a la propiedad en estos lugares, muchos de ellos considerados por este Tribunal como objetivos militares, ya que es de todos conocidos que nuestras fuerzas estuvieron en la mayor parte de esas zonas o en otros existían pistas para nuestros aviones rebeldes.»

«Resultando probado que con las diligencias que se han practicado durante las sesiones de este juicio oral no ha podido justificarse plenamente y sin que quepa la menor duda, quienes o quien de los acusados que aquí se juzgan fueron los que produjeron las muertes, lesiones y daños a que se refiere el resultado anterior.»

«Considerando que los hechos anteriormente relatados no constituyen los delitos de asesinato, homicidio, lesiones y daños imputados por la representación del ministerio fiscal, los que requieren el dolo o la intención de matar, los dos primeros: de producir un daño a la integridad personal el tercero, y la de causar detrimento o menoscabo en la propiedad ajena el último, intensión dolosa que honorablemente ha reconocido el ministerio fiscal no tuvieron los encartados.»

«Considerando que así mismo los hechos que se estiman probados, tampoco constituyen el delito de genocidio, imputado también por la digna representación del ministerio fiscal, ya que para la integración de esta figura delictiva se requiere específicamente el dolo, destruir, total o parcialmente un grupo nacional, étnico o religioso, como tal, intenciones que es obvio que no pudieron tener los pilotos que ametrallaron o bombardearon los puntos o lugares mencionados en el resultado primero de esta sentencia, ya que si el propio representante del ministerio fiscal reconoció, como dejamos consignado, que los pilotos no tuvieron la intención de matar, mal pudieron haber tenido la de destruir el grupo nacional, étnico, racial o religioso, que comporta la idea, intención o dolo de matar personas determinadas.»

«Considerando que ha sido norma constante e inquebrantable de este Tribunal revolucionario la de sentenciar aún con la pena de muerte solo y exclusivamente aquellos delincuentes a los que se les haya probado, sin lugar a dudas, los hechos que les fueron imputados, acreedores de esa pena capital, y la de absolver en los casos en que no hubiese producido una prueba plena que llevase a su ánimo la certeza que exige la Ley, para dictar la Justicia un veredicto condenatorio.»

«Considerando que el presente caso no se ha producido en la conciencia de este Tribunal esa convicción o certeza necesaria para imponerle a los encartados, no ya la pena capital, sino ninguna otra, de privación de libertad, pues de así hacerlo no sería consecuente con los principios de humanidad que se mantuvieron por el glorioso Ejército Revolucionario, aún en los días más difíciles que atravesó en los picachos de la Sierra Maestra, mudos testigos de la abnegación y del heroísmo de esta generación, lo que ha dado el prestigio nacional e internacional que la actual Revolución tiene.»

«Considerando que este Tribunal, consciente de la responsabilidad que asume ante la Revolución, ante el pueblo y ante la historia, convencido de la nobleza de su proceder, inspirado por los postulados democráticos de honestidad, amor, equidad y justicia que han inspirado este movimiento revolucionario, ejemplo digno para todos los pueblos de América y del mundo.»

«Fallamos que debemos absolver y absolvemos a todos y cada uno de los acusados en este proceso, disponiendo al propio tiempo la libertad de los mismos sólo por esta causa, debiendo dictar al efecto todos los despachos que fueron necesarios para el cumplimiento de esta resolución, así como la notificación de la misma a todas y cada una de las partes.»

«Así por nuestra sentencia, lo pronunciamos, mandamos y firmamos. Ante mí, que certificó, comandante Félix Lutgerio Pena Díaz, presidente, doctor Adalberto Parúas Toll, vocal, piloto Antonio Michel Yabor Justi, vocal, procurador Nicolás Bello Chávez, secretario.»

El comandante Pena calificó el veredicto de «histórico ante la Revolución y el pueblo, por declarar absueltos a todos los encausados, contra las acusaciones del fiscal, de genocidio, ametrallamiento y bombardeos indiscriminados contra pueblos y ciudades de Oriente.» Después de leerse el fallo, hubo conmovedoras escenas de emoción, alegría y llantos entre los familiares de los acusados. También hubo algunas protestas y comentarios desfavorables en el público. Mientras parte del público aplaudió otros gritaron, «Que los condenen.» La chusma hostil rugió amenazante, pero los soldados rebeldes de la escolta, comandados por el capitán López Legón, palanqueando los rifles y apuntando a la turba, protegieron a los aviadores y sus familiares.

Al producirse la absolución, el Partido Socialista Popular circuló en Santiago de Cuba una hoja suelta protestando el fallo judicial. Unos cien manifestantes recorrieron las calles de la ciudad profiriendo gritos de protesta contra la sentencia absolutoria. Se escucharon voces pidiendo la pena de fusilamiento al congregarse frente a la estación de radio CMKC. Sin embargo, la sociedad santiaguera en general recibió con agrado la decisión judicial.

Poco después de terminado el proceso, el fiscal Cejas anunció que apelaría la sentencia de absolución por estimarla errónea y que el jefe de las Fuerzas Conjuntas, comandante Manuel Piñeiro Losada, había dispuesto la formación de otro Tribunal que tomaría la causa en cinco días. Piñeiro publicó una alocución diciendo que los pilotos no serían puestos en libertad por haber establecido el fiscal de la causa una revisión de la sentencia. Una fuerte escolta militar llevó a los aviadores desde el vivac de Santiago de Cuba hasta la prisión de Boniato. Cejas dijo que el nuevo fiscal lo sería el capitán auditor Juan Escalona Reguera. Entonces se dirigió por radio al pueblo aconsejándole tuvieran calma, pues el nuevo Tribunal haría justicia revolucionaria. Aseguró que le constaba que la sentencia del anterior Tribunal se había hecho con la integridad de sus compañeros revolucionarios, aunque el fallo había sido erróneo.

Los abogados defensores citaron el artículo 107 de la Ley Penal del Ejército Rebelde que dice: «El Fiscal no podrá apelar, sino solo interponer recurso de revisión. El recurso de revisión se acomodará a las reglas establecidas en el título anterior para la segunda instancia; pero no se admitirán pruebas, y las alegaciones de las partes se limitarán a la cuestión de derecho y equidad, admitiendo como base los hechos que se declaren probados por la sentencia recurrida, que no podrá ser alterada en este punto por el Tribunal.» Los letrados indicaron que dirigieron telegramas a Fidel Castro, demandando garantías para sus actuaciones y protestando que haya calificado de asesinos a quienes fueron exonerados y declarados inocentes por un Tribunal revolucionario. Juan Perozo Beltrán, decano del Colegio de Abogados de Santiago de Cuba, dirigió un despacho al presidente Manuel Urrutia, al primer ministro Castro, y al ministro de Justicia Alfredo Yabur Maluff, reclamando el acatamiento al artículo 107 de la Ley Penal del Ejército Rebelde y afirmando, «La misión delicadísima del abogado reclama la más alta comprensión de los amantes de la justicia.»

Los familiares de los 43 absueltos inmediatamente enviaron una carta a la prensa dirigida «Al Pueblo de Cuba,» señalando: «Una vez más el Gobierno Revolucionario y los dignísimos libertadores han demostrado la certeza de la Justicia Revolucionaria. Justicia reivindicativa para los inocentes y justicia inflexible para los culpables. ¡Esa es la verdadera justicia! Gracias a todos. Los familiares de los aviadores inocentes, libertados en Santiago, agradecemos con todo el corazón el esclarecimiento de los hechos, ratificando el honor y la dignidad de nuestros seres más queridos. Gracias a todos.»

Las turbas protestando en contra de la sentencia se dirigieron al hotel Casa Granda donde dichas familias estaban hospedadas. Unos 300 manifestantes, alumnos del Instituto de Segunda Enseñanza, militantes comunistas y el populacho, recorrieron las calles de la ciudad hasta altas horas de la noche profiriendo gritos ofensivos. Al llegar frente al hotel, la protesta se hizo más violenta y sonaron varios disparos, creando la alarma que llevó al jefe de las Fuerzas Conjuntas al lugar. Allí se dirigió a la multitud para que se disolviera pero los agitadores continuaron su protesta por horas. Piñeiro luego publicó la siguiente alocución: «A la opinión pública: se hace saber al pueblo que los pilotos aviadores de la tiranía batistiana, juzgados en el día de ayer y declarados absueltos por el Tribunal revolucionario, no serán puestos en libertad por haber establecido el Fiscal que actuó en dicha causa una revisión de la sentencia.»

Después que los acusados regresaron a la Galera 5 de la prisión de Boniato, llegó el sacerdote Guzmán con América Domitro, novia de Frank País, y una prima del mártir revolucionario. Les preguntaron a los aviadores cuales órdenes recibían y como las cumplían. Ellas tenían dudas sobre el juicio y no estaban de acuerdo con la decisión de Fidel Castro de volver a juzgar a los aviadores. En ese momento, la guarnición súbitamente comenzó a dispararle a un grupo de presos comunes que intentaban fugarse durante una fuerte lluvia y mataron a tres. El cura y las muchachas se tiraron al suelo durante la balacera, se enfangaron la ropa, y pronto se retiraron muy nerviosos.

En la noche del 2 de marzo, el capitán auditor Juan Escalona Reguera fue nombrado fiscal para el segundo juicio. Sin embargo, al siguiente día lo sustituyó el ministro de Defensa y auditor general del Ejército Rebelde, doctor Augusto Martínez Sánchez,[115] designado por Fidel Castro, quien también nombró al comandante Manuel Piñeiro Losada como presidente del nuevo Tribunal y de vocales a los comandantes Pedro Luis Díaz Lanz, jefe de la FAR, Carlos «Nicaragua» Iglesias Fonseca, Demetrio Montseny Villa y Belarmino Castillo Mas. Al llegar a Santiago de Cuba, Martínez Sánchez dijo que su presencia allí obedecía «a evitar un fallo que considera notoriamente injusto.» El nuevo fiscal, descrito por la revista *Bohemia* como «Vehemente, apasionado, fogoso,» dijo que la petición contra la revisión del juicio por la defensa «es impropia y la rechazamos porque hemos dado todas las garantías.» Respecto a la vista de apelación afirmó que «Al igual que los abogados defensores pueden apelar cuando consideran un fallo injusto, el Ministro Fiscal tiene el mismo derecho para hacerlo así, para que no se cometa la injusticia de que por un fallo erróneo se ponga en libertad a los que notoriamente se sabe son culpables de asesinatos que se les imputan.»

Martínez Sánchez leyó por teléfono a la prensa de Santiago a las 3:30 a.m. del 3 de marzo el mensaje del primer ministro Fidel Castro que decía: «La sentencia absolutoria dictada en el juicio seguido contra los pilotos será apelada, pues de la misma manera que un criminal de guerra que esté inconforme con la sentencia la apela, el Ministro Fiscal que representa el pueblo y la Revolución, tiene el mismo derecho cuando la sentencia no es justa. Ha sido un grave error del Tribunal revolucionario absolver a esos pilotos criminales y en prestarle un servicio a Batista, facilitarles aviadores

---

[115] El comandante Augusto Martínez Sánchez fue uno de los cinco jueces que en marzo de 1962 juzgaron a los miembros de la Brigada 2506 tras la fallida invasión de Bahía de Cochinos. Posteriormente fue nombrado Ministro de Trabajo pero Fidel Castro lo destituyó en 1964 bajo graves acusaciones de corrupción. El 8 de diciembre de 1964, Martínez tuvo un fallido intento de suicidio, tras el cual desapareció de la vida pública. A fines del 2010, viajó a Miami para visitar a su hijo y regresó a La Habana, donde falleció el 2 de febrero de 2013.

mercenarios a Trujillo y a los enemigos de la Revolución para que de nuevo sean capaces de bombardear la población civil de Cuba. Sería el colmo de la ingenuidad de un pueblo y de una revolución, poner en libertad precisamente a los que fueron los más cobardes asesinos y servidores de la tiranía. Los Tribunales revolucionarios no necesitan otra prueba que las ciudades y pueblos devastados y las docenas de cadáveres de mujeres y niños destrozados por la metralla y las bombas de la aviación. ¿Es que acaso vamos a darle oportunidad a esos miserables que de nuevo vuelvan a pilotar aviones de bombardeo contra Cuba y a escribir otra vez la historia siniestra de luto y tragedia desde cualquier parte de Santo Domingo u otro país donde se han refugiado los grandes culpables de la tiranía? Para eso no se hizo la revolución y los que estamos al frente de ella no podemos permitir que se cometa semejante error. Esta es una cuestión que atañe a la seguridad de la ciudadanía; por eso nos vemos obligados a intervenir en el asunto ya que no podemos guardar silencio frente a semejante peligro. El pueblo de Santiago de Cuba no debe inquietarse porque la sentencia será apelada y un Tribunal recto juzgará nuevamente los hechos.» Fidel Castro calificó de traidores al primer Tribunal, esbirro y batistiano al capitán D'Acosta y contrarrevolucionarios a los otros abogados defensores.

Esa misma mañana, los abogados defensores dirigieron a Castro el siguiente telegrama: «Abogados defensores en juicio seguido contra aviadores solicitan usted nos conceda necesarias garantías procesales para ejercer nuestra profesión, que es también la suya, y evitar se reproduzcan los dolorosos sucesos de aquel proceso seguido contra usted en 1953 cuando tuvo que invocar el juicio de la historia. Estimamos las declaraciones publicadas hoy han sido sin conocimiento total de la sentencia dictada cuyos resultados probados dice: protestamos se califique de asesinos a quienes han sido exonerados por un Tribunal revolucionario. Respetuosamente informamos que hemos comisionado al presidente del Colegio Nacional de Abogados para que recoja contestación de este documento. El telegrama se lanzó como un manifiesto a la opinión pública.

Enrique Llansó Ordóñez, presidente del Colegio Nacional de Abogados, formuló las siguientes declaraciones públicas a Urrutia y a Fidel Castro: «Como presidente del Colegio Nacional de Abogados hago constar mi solidaridad con el Colegio de Abogados de Santiago de Cuba, respecto a la revisión del proceso seguido a los aviadores que fueron absueltos. El estricto cumplimiento de la ley y el acatamiento a las sentencias que dictan los Tribunales es garantía que no puede ser quebrantada sin crear alarma e inseguridad.»

Cuando el reclamo de los letrados fue ignorado por el gobierno revolucionario, los abogados defensores, a nombre del Colegio de Abogados de Santiago de Cuba, dieron a la publicidad un extenso documento para que la opinión pública quedara instruida. Reprodujeron la sentencia dictada por el Tribunal revolucionario bajo el párrafo A) y se añadía:

B): La Ley Penal del Ejército Libertador que rige en estos procesos dice en sus Artículos 100 y 107 lo siguiente: «Artículo 100 – Cuando la pena impuesta sea de Muerte, o Degradación pública o Inhabilitación perpetua absoluta o especial o Pérdida de empleo o grado, podrán los reos apelar en el mismo acto o dentro de las veinte y cuatro horas siguientes a la notificación. El Fiscal no podrá apelar sino solo interponer recurso de revisión.» «Artículo 107– El recurso de revisión se acomodará a las reglas establecidas en el título anterior para la segunda instancia pero no se admitirán pruebas, y las alegaciones de las partes se limitarán a la cuestión de derecho y equidad admitiendo como base los hechos que se declaren probados por la sentencia recurrida, que no podrá ser alterada en este punto por el Tribunal.»

C): Los Abogados defensores de los acusados dirigieron, con fecha 3 de marzo, al Primer Ministro del Gobierno, el siguiente despacho: «Doctor Fidel Castro Ruz. Primer Ministro del Gobierno. Habana. Abogados defensores en juicio seguido contra aviadores solicitan de usted nos conceda necesarias garantías procesales para ejercer nuestra profesión que es también la suya y evitar se reproduzcan dolorosos sucesos de aquel proceso seguido contra usted en 1953 cuando tuvo que invocar el juicio de la Historia. Estimamos declaraciones publicadas hoy han sido hechas sin conocimiento total de la sentencia dictada cuyos Resultandos Probados dicen: ". . . ." Y protestamos se califique de asesinos a quienes han sido exonerados y declarados inocentes por un Tribunal revolucionario. Respetuosamente informamos que hemos comisionado al Presidente del Colegio Nacional de Abogados para que recoja contestación de este documento.» Entre los firmantes se encuentra el Letrado que defendió al doctor Fidel Castro en el proceso que se le siguió por los sucesos del Moncada el 26 de Julio de 1953.

D): El Colegio de Abogados de Santiago de Cuba dirigió al Presidente de la República, al Primer Ministro y al ministro de Justicia Alfredo Yabur Maluff el siguiente despacho: «Este Colegio, como contribución a la justicia revolucionaria publicó las leyes penales a que se contrae el Reglamento Uno. El Artículo 100 de la ley penal procesal de los libertadores solo permite al fiscal interponer recurso de revisión y el 107 obliga el respeto a los hechos probados. La misión delicadísima del Abogado reclama la más alta comprensión de los amantes de la justicia. Usted y su gobierno han proclamado el respeto a la Ley y este Colegio reclama ahora el acatamiento a las normas pre-establecidas. Respetuosamente, Juan Perozo Bertrán, decano del Colegio de Abogados.» Santiago de Cuba, marzo 3 de 1959. Firman: Dres. Recaredo García, Luis Aguiar Poveda, Sigfrido Solís de León, Arístides D'Acosta, Augusto Portuondo Bello, Carlos Peña-Jústiz y Jorge Pagliery.

En la mañana del 3 de marzo se constituyó el nuevo Tribunal de revisión presidido por el jefe de las Fuerzas Conjuntas, comandante Manuel Piñeiro Losada, y como vocales el comandante Pedro Luis Díaz Lanz, jefe de la FAR; comandante Belarmino Castilla Más, jefe del regimiento Maceo; y los comandantes Carlos Iglesias Fonseca y Demetrio Montseny Villa. Ninguno de ellos era abogado o conocedor del proceso judicial. El Tribunal propuso determinar en 48 horas si existía el delito de genocidio alegado por el fiscal Cejas. Se dedicaron a escuchar de nuevo a los abogados de la defensa y después revisar la sentencia, deliberar y dictar sentencia.

El nuevo fiscal Augusto Martínez Sánchez dijo a la prensa que él se encaminaba a evitar un fallo que se considera notoriamente injusto. Declaró que los informes de los abogados defensores se apoyaron en falsos testimonios y sofismas, con el fin de confundir a la opinión pública y poner en tela de juicio la justicia revolucionaria y a los hombres que representan la Revolución. Martínez preguntó cómo es que si en La Habana condenaron a 20 años de presidio al que fabricaba las bombas aéreas, en Santiago de Cuba se absuelve a los que las tiraron.

La primera vista del recurso de revisión comenzó a las 8:30 p.m., el 5 de marzo, ante un inmenso público en la Sala del Pleno de la Audiencia. Los acusados rehusaron comparecer. Los siete abogados de la defensa presentaron dos recursos, indicando que no podía haber revisión del juicio porque no se puede sustanciar en casos de absoluciones según la ley. El presidente del Tribunal rechazó los mismos. Cuando el fiscal Martínez dijo que Batista, los Tabernilla y los aviadores eran todos asesinos y criminales, recibió una gran ovación del público, con alaridos y aplausos, no haciendo caso a las llamadas al orden del Tribunal. El Dr. Peña-Jústiz declaró que ese comportamiento no se veía en una sala de justicia desde hacía treinta años. El Fiscal contestó que el pueblo tenía el derecho a manifestarse así para reparar el grave error cometido por el Tribunal anterior y que eso no lo podía permitir la Revolución.

El abogado Peña-Jústiz comenzó diciendo que el Tribunal estaba compuesto por cinco militares dignos y honorables y que por conocerlos y por saber de su integridad, no creía los rumores que la sentencia ya había sido dictada. Afirmó que tenía la seguridad que los jueces fallarían de acuerdo con su conciencia. Cuando Peña-Jústiz recordó que el Partido Socialista Popular había protestado la absolución, un griterío inmenso salió del público, ya que entre la enorme concurrencia había muchos comunistas. Durante el transcurso de la defensa, Peña-Jústiz solicitó garantías al Tribunal debido a las constantes griterías y amenazas del público. Las autoridades le proveyeron un soldado rebelde armado con una ametralladora.

Peña-Jústiz enfatizó que los pilotos acusados no centraban sus ataques a las poblaciones civiles, sino a los objetivos militares, como admitió el fiscal. Citó como ejemplo que sólo ocho personas resultaron muertas y dieciséis heridas, según afirmaciones del fiscal, por acción de la aviación, pese a que el ataque se prolongó más de cuatro meses, durante más de 600 misiones de bombardeo y ametrallamiento. El letrado dijo que, si la conducta de los pilotos acusados fuera la peligrosa atribuida por el fiscal, empleando 5,000,000 de balas calibre 50 y más de 6,000 bombas sobre Oriente, hubiera causado daños de mucho mayor consideración.

Peña-Jústiz presentó el informe, protestando que todo lo que significara una negación de los cargos, determinados sectores de la prensa se habían negado a publicarlo al igual que los alegatos e informes de los defensores. Señaló como Fidel Castro había declarado que «habría de celebrarse un nuevo juicio, que habría condena de todas formas» y que «había calificado de asesinos a los que habían sido exonerados y declarados inocentes por un Tribunal revolucionario.» También planteó la pregunta de si los miembros del Tribunal se habían constituido con el propósito de evadir el cumplimiento de la Ley o si el recurso del Fiscal tenía que ser rechazado. El abogado defensor señaló que en el Tribunal no figuraba ningún auditor y denunció la leyenda negra de calificar a los pilotos de criminales de guerra. Indicó que la guerra siempre trae víctimas inocentes y como ejemplo señaló varios casos ocurridos con motivo de explosiones de minas puestas por el Ejército rebelde. En el puente del Cautillo detonaron una mina contra un Jeep en el que murieron tres madres campesinas y sus cinco hijos que huían de la guerra en Contramaestre. Por este error, nadie calificó como criminales de guerra a los miembros del Ejército Rebelde.

Peña-Jústiz le dijo al Tribunal que podían ser los salvadores o los verdugos de la revolución. Al terminar su informe enfatizó que la Revolución se salvaría si cumplían la Ley o de lo contrario iban a erigir un nuevo Napoleón del Caribe. Indicó que el Tribunal podía adoptar cualquier de las dos conductas: la del respeto a la Ley o la de la condena por la fuerza y que apelaba a su condición de hombres de honor y de militares dignos para que decidieran cuál de las dos conductas debían adoptar para el bien de Cuba.

El fiscal Martínez Sánchez le siguió con una perorata preguntando: «¿Derecho Romano, para qué?» recibiendo los aplausos del público. El Dr. Peña-Jústiz protestó que, si las formas procesales del Derecho Romano no se van a respetar, entonces: «¿Abogados, para qué?» El fiscal respondió dirigiéndose al público: «Pueblo, ¿Quién manda ahora en Cuba?» y le contestaron con gritos «¡La revolución! ¡Viva la Revolución!» Martínez Sánchez les preguntó: «¿Quién hace la ley justa?» y respondieron «¡La Revolución!»

El Dr. D'Acosta protestó ante el Tribunal que ya los aviadores fueron declarados inocentes en el primer juicio. Martínez Sánchez, aprovechando la hostilidad del público, insultó a D'Acosta diciendo que no era idealista, que cobraba un alto precio por su oficio y que debía de abochornarse ya que denigraba el uniforme verde olivo que vestía. D'Acosta pidió la palabra para ripostar pero se la negó el Tribunal. Surgieron los alaridos del público exigiendo que D'Acosta se fuera, por lo que el letrado abandonó su escaño.

El fiscal afirmó que había recibido instrucciones de Fidel Castro para que acusara a los aviadores, artilleros y mecánicos de asesinos y criminales y que evitara que no dejaran de ser sancionados. Declaró que había que limpiar a la sociedad y que ni el pueblo ni la Revolución podían permitir que estos crímenes quedaran impunes. Martínez terminó pidiendo veintidós penas de muerte; sanción de 30 años para siete acusados; de 10 años para una docena; cinco años para dos y dos absoluciones, pero que dejaba al Tribunal la sentencia que será acatada por el pueblo y la Revolución. El doctor Portuondo Bello respondió preguntando dónde había más genocidio, si en los ocho muertos ocasionados por los bombardeos o en los veintidós ajusticiamientos que pedía el fiscal.

Terminada la vista del recurso de revisión, los abogados defensores enviaron una carta al Colegio de Abogados de La Habana denunciando que tuvieron que ejercer su profesión «en un provocado ambiente de coacción, con el público encimado sobre nosotros. Ese público fue excitado contra los abogados defensores y nos hicieron blanco de ataques injustos, convirtiéndonos de defensores en acusados, lo que provocó, incluso, que uno de los abogados defensores, el doctor Arístides D'Acosta se viera obligado a abandonar el local en vista de los insultos y la provocación de que había sido objeto.» Dijeron que «las quejas de los abogados defensores no encontraron eco en el Tribunal, quien permitió las demostraciones de una parte del público allí congregado, demostraciones que llegaron a ser de verdadera hostilidad contra los letrados.»

La carta iba acompañada de los periódicos *Sierra Maestra* y *Surco* con los artículos conteniendo las declaraciones insultantes del fiscal Martínez contra los abogados defensores. Terminaba pidiendo que el presidente del Colegio Nacional de Abogados recabara del primer ministro Fidel Castro «las necesarias garantías, tanto procesales como personales,» para «el ejercicio profesional, y por nuestra propia seguridad.»

La junta de gobierno del Colegio de Abogados de La Habana envió una carta pública al presidente Urrutia, al primer ministro Fidel Castro y al ministro de Justicia Alfredo Yabur Maluff, señalando los siguientes acuerdos:

PRIMERO: Solidarizarse con el acuerdo adoptado por el Colegio de Abogados de Santiago de Cuba, y con la exposición del Presidente del Colegio Nacional de Abogados, respecto al recurso de Revisión interpuesto contra la sentencia recaída en el proceso seguido a los aviadores.

SEGUNDO: Protestar del tratamiento del Fiscal al Letrado Defensor doctor Arístides D'Acosta, en la vista del recurso de Revisión, exigir que se confiera a los letrados defensores el respeto que merece su sagrada misión.

TERCERO: Hacer constar la inconformidad de esta Junta, contra toda infracción a las normas del procedimiento, que constituyen las garantías de la equidad del proceso. El recurso de Revisión exige que se respeten los hechos que la sentencia recurrida declara probados. La violación de esa disposición es aún más grave que el error que pueda haberse cometido en la apreciación de las pruebas, creando inseguridad jurídica.

Fidel Castro respondió a las peticiones el 6 de marzo en una comparecencia de tres horas y veinte minutos ante las cámaras de CMQ Televisión con el periodista y abogado Luis Conte Agüero. Condenó la actitud de los colegios de abogados de Santiago de Cuba, La Habana y el Colegio Nacional por ser antirrevolucionaria. Castro dijo ser abogado pero si para pertenecer al Colegio de Abogados tenía que aceptar esa decisión, él renunciaba. Declaró que los alegatos presentados por los defensores en el juicio no eran jurídicos sino políticos y condenó que transfiguraron la verdad. Castro expresó que los acusados eran la peor clase de criminales de guerra y merecen por lo menos, si no la pena de muerte, ser condenados a prisión con trabajos forzados.

Siguiendo las instrucciones de Fidel Castro, al día siguiente el Tribunal revolucionario dictó la nueva sentencia de 30 años de trabajos forzados para los pilotos, veinte años para los artilleros y diez años de prisión para los mecánicos, libertando a los pilotos René Rigal Riera y Rodolfo «Seafury» Hernández Herrera.

Castro viajó a Santiago de Cuba el 11 de marzo para discursar ante una concentración popular de miles de personas acompañado del comandante Huber Matos. El jefe de la Revolución denunció que el juicio de los pilotos «sirvió para demostrar lo que es la irresponsabilidad, lo que es la falta de patriotismo, la conducta de aquellos elementos de la sociedad que viven alejados de los sentimientos del pueblo.» Justificó su intervención diciendo que «Lo que hubiera constituido un abandono de mis deberes revolucionarios, hubiera sido que esos pilotos quedaran en libertad.» Dos días después, el Dr. Enrique Llansó Ordóñez, presidente del Comité Ejecutivo del Colegio Nacional de Abogados, se retractó de su previa oposición a un segundo proceso judicial y declaró en manifiesto público que «en el juicio seguido contra los aviadores de la dictadura se respetaron por los Tribunales que conocieron del mismo, las normas legales reguladoras del procedimiento de la Justicia Revolucionaria y se ofrecieron plenas garantías por los integrantes de dichos Tribunales a acusados y defensores de cuya observancia se mostraron preocupados los Colegios» de La Habana y Santiago de Cuba. Llansó afirmó que «los Colegios de Abogados de Cuba que se mantuvieron durante siete años en una firme e inquebrantable posición de lucha y denuncia contra la sangrienta Tiranía derrocada, reitera de nuevo en este instante su respaldo al Gobierno producto de la Revolución.»

La farsa jurídica del doble juicio contra los aviadores representa el control totalitario que Fidel Castro estableció sobre el proceso judicial a los dos meses de asumir el poder. Solamente los abogados defensores, y el presidente del Colegio de Abogados de Santiago de Cuba, tuvieron el coraje de denunciar tan atroz injusticia. La pasión política y el odio primaron sobre el derecho y la razón. Se demostró que los Tribunales revolucionarios estaban compuestos por jueces ignorantes de las leyes y de procedimientos legales. El resultado sirvió como un indicio de que en Cuba la condena a prisión o sentencia de muerte sería otorgada por Fidel Castro por más de medio siglo. Castro fue el juez supremo que designó a los Tribunales y los fiscales. El máximo líder de la Revolución actuó como la Reina de Corazones en la fábula *Alicia en el país de las maravillas* quien durante el juicio a Alicia pronunció: «Primero la sentencia. El veredicto después.»

Los tres magistrados que presidieron el primer juicio de los aviadores pronto se decepcionaron con la Revolución. El 14 de abril de 1959, el régimen castrista anunció que el comandante Félix Pena se había suicidado de un balazo en el corazón en su despacho en el campamento militar de La Habana.

Nueve meses después, el comandante Antonio Michel Yabor Justi, en carta pública a Fidel Castro el 16 de enero de 1960, renunció a su cargo de jefe del Grupo Táctico Mixto de la FAR y se fue al exilio. En la carta, le dice a Castro que el entierro de Pena «fue una impresionante demostración de duelo del pueblo santiaguero, fue silenciado por la prensa revolucionaria; tú no solo no te dignaste asistir, sino que no tuviste una sola palabra de consuelo para la madre del compañero humilde que murió creyendo servir hasta el último momento el ideal revolucionario y la fe que en ti había depositado. Allá en su soledad, ella sabe quiénes fueron los que inmolaron a su hijo. Quienes son los que ahora tratan de silenciar su memoria y de borrar su nombre de los anales revolucionarios.»

Yabor enfatizó en su carta: «En el juicio contra los pilotos no se aportaron pruebas suficientes que vincularan a los acusados con los daños sufridos. A mí me consta porque formé parte de ese Tribunal y apoyé la decisión absolutoria. A ti también te constaba porque a esos mismos pilotos les habías hablado en Camagüey exonerándolos de culpa e incluso habías utilizado a muchos de ellos para misiones en el extranjero. . . Oímos cuidadosamente las imputaciones del fiscal, juzgamos las evidencias que nos habían presentado, no las encontramos suficientes para condenar y, ateniéndonos al honrado dictamen de nuestras conciencias, absolvimos. Hoy, en análisis retrospectivo, comprendo que aquél fue un momento decisivo para la Revolución. Allí tuvimos la oportunidad de demostrar que la Revolución venía a cumplir las promesas que había proclamado y que tú tantas veces habías ratificado. La de que la Revolución traía una voluntad de impartir justicia hasta a sus enemigos, la de que ningún miembro o funcionario del antiguo régimen iba a ser desplazado o perseguido sin justificadas razones, la de que se habían acabado las arbitrariedades y todo el que no fuera criminal iba a poder vivir tranquilo; la de que nosotros traíamos la fórmula de la paz y la unión entre los cubanos.»

El tercer magistrado, el abogado Adalberto José Parúas Toll, también partió al exilio. El comandante Pedro Luis Díaz Lanz, jefe de la FAR y magistrado en el segundo juicio, abandonó el país el día después que Fidel Castro lo relevó de su cargo el 29 de junio de 1959.

CAPÍTULO VI

20 Años de Presidio Político

Después del juicio los acusados fuimos escoltados en un vagón de tren hasta La Habana. Allí nos internaron en una estación de policía donde el comandante de la Policía Nacional Revolucionaria Aldo Vera Serafín me increpó si yo era de los pilotos que ametrallaban. Le respondí, «Yo tiraba igual que ustedes me disparaban a mí.» No me respondió y se fue. Luego nos trasladaron hasta el Castillo del Príncipe donde me visitó mi madre y a través de una ventana enrejada me dijo: «Yo no he llorado porque sé que tú eres inocente de todo lo que se te acusa.» Dos días después los presos fuimos llevados al aeropuerto del antiguo campamento de Columbia. Un Douglas C-47 piloteado por el capitán Ernesto Puig Miyar y el copiloto José Luis Celeceda nos llevó al Reclusorio Nacional para Hombres en Isla de Pinos.

A todos los pilotos nos internaron en la Circular 1 con unos cuarenta marineros y policías que habían condenado en La Habana. La numeración de los presidiarios de 1959 comenzó con el número 23,004 y a mí me asignaron el número 23,128. En 1961, cuando se rumoraba que venía una invasión del exterior, la dictadura comunista colocó dinamita debajo de las circulares con el propósito de matar a todos los presos si trataban de liberarnos.

La requisa más brutal que tuvimos en la prisión, irónicamente llamada «La Pacífica,» fue el 11 de septiembre de 1962. En respuesta a una protesta en la Circular 2, los guardias rodearon las cuatro circulares con 1,500 efectivos, ametralladoras en trípode alto, y pusieron una tanqueta entra las Circulares 3 y 4. El comandante William Gálvez Rodríguez anunció que iban a hacer una requisa «pacífica.» Nos sacaron de las circulares a todos desnudos con las manos en la cabeza. Los rezagados los apuraban con pinchazos de bayoneta, culatazos, y hubo muchos heridos. Nos apiñaron a todos juntos como una masa compacta durante doce horas y hubo quienes se desmayaron. Todas nuestras propiedades, hasta los artículos de aseo, fueron arrojadas a la planta baja y se llevaron todo en camiones. Cada cinco o seis meses nos cambiaban de circular para hacer requisas. Estaban buscando un radio clandestino que se desarmaba y varios presos escondían las piezas en la boca durante las requisas. A través de una transmisión clandestina escuché el reportaje sobre el asesinato del presidente John Kennedy.

En octubre de 1962, tuve la grata sorpresa de recibir una carta de mi amiga de la niñez y futura esposa Irene Nora Ortega y Lorenzo. Nos conocimos por primera vez el 18 de mayo de 1948, cuando Nora, quien tenía ocho años, llegó con su familia al restaurante campestre de mi hermano «Neno» donde yo trabajaba en Calabazar. Comencé a visitar el hogar de la familia Ortega con frecuencia para ver programas de boxeo y lucha libre después que al año siguiente su padre compró un televisor Philco de 19 pulgadas.

Nora hizo el viaje a la prisión el 21 de noviembre de 1962, para llevarme una jaba con 25 libras de leche en polvo, dulces, medicinas y comida cocinada. Tomó un tren de Calabazar a Batabanó y de allí fue en el ferry a Nueva Gerona, junto a más de mil personas, que iban sentados en el piso. Desde el muelle, Nora llegó en taxi al reclusorio y me dejó la jaba, después que un guardia le tomó el peso al contenido pero no la permitió verme.

No tuvimos visita hasta el 21 de febrero de 1963, cuando recibí a Nora diciéndole: «Has llegado al cementerio de los hombres vivos.» Ella me relató cómo antes de poder pasar a verme tuvo que someterse a un humillante registro por una miliciana que le hizo quitarse el vestido y con manos sucias le pasó los dedos por dentro de los paños menores buscando contrabando. A una visitante negra la dejaron tranquila después que dijo, «Si a mí me van a manosear, que lo haga el negrón aquel,» apuntando con el índice hacia un miliciano. En mis cartas le recordé a Nora cual era mi situación y le dije que si estaba interesada en algún joven que no lo rechazara y no se ilusionara conmigo. Por correspondencia hicimos el compromiso de novios después de trece meses. El 24 de marzo de 1964, yo estaba en mi celda en el segundo piso de la Circular 1 cuando me avisaron que tenía visita de Nora. Al vernos a través de una malla, que parecía una jaula de pollos, le pregunté si estaba dispuesta a casarse conmigo. Ella me dijo que consultaría con sus padres después de regresar a casa. Sus padres inicialmente se opusieron al decirle que eso sería tronchar su vida pero Nora, después de rezar y meditar, aceptó mi proposición.

Nora fue al Ministerio del Interior para pedir el permiso de matrimonio. Habló con el sanguinario comandante Ramiro Valdés Menéndez, quien le dijo que yo era un asesino y que ella era muy joven y no sabía lo que hacía. Nora le respondió que ella era mayor de edad y que no le creía lo que decía ya que yo había sido absuelto por el Tribunal revolucionario presidido por el comandante Félix Pena.

Nos casamos un día lluvioso el 23 de septiembre de 1964. Nora tomó un vuelo de Rancho Boyeros a Isla de Pinos y nos reunimos en el edificio de los archivos del penal. Ella lucía un vestido gris de algodón con una chaquetica con botones forrados en la espalda, que le había bordado su hermana Nancy, y de su cuello colgaba una cruz que fue su regalo de quinceañera. Mi traje de boda fue mi uniforme caqui de prisionero, con la letra P en las rodillas y la espalda, que planché con una lata caliente. En el salón también estaba un guajiro presidiario de Santa Clara, que se había alzado en el Escambray, y se iba a casar con Eva Bauta. Nora y yo nos sentamos juntos ante una mesita frente al Dr. Rafael H. Quevedo Ruiz, notario comercial de Nueva Gerona, quien ofició la ceremonia. Cuando Nora iba a firmar el documento, tras un descuido del guardia, tomé su mano y le pasé un anillo que yo elaboré de un tubo plástico. Nos besamos al terminar la ceremonia mientras mi hermana Carmen y la mamá de Nora lloraban. Mi hermano Alejo Lazo y el esposo de Carmen, Pablo Echevarría, hacían chistes con los ojos aguados. Nora trajo un termo con refresco y un cake de coco del cual probé un pedacito antes que los guardias terminaron el encuentro.

Ya me habían incorporado a la Brigada 55, Bloque 15, de la Circular No. 2, donde jugaba canasta con Reinaldo Blanco Navarro, Eduardo Arango Cortina y Enrique Ovares Herrera.[116] Las barajas las hicimos con sábanas muy almidonadas y pintadas con mercurio cromo que los familiares con mucho sacrificio conseguían y lograban pasar en las jabas.

Nora me visitó cinco veces en 1965 para llevarme jabas con comida y medicina. Durante la primera visita después de nuestro matrimonio, Nora corrió hacia nuestro encuentro y nos abrazamos. Eso no le gustó a un guardia sádico quien a los cinco minutos terminó la visita. Dos años después, en febrero de 1967, cerraron la penitenciaría de Isla de Pinos y trasladaron a todos los reclusos a otras prisiones. Nos cambiaron el uniforme caqui de preso político por la vestimenta azul de presidiario común. Yo salí de la última circular que vaciaron y me enviaron para la prisión de Sandino Tres en Pinar del Río. Al siguiente mes, Nora me visitó allí y cuando me dio un beso, el esbirro carcelario suspendió la visita. Ella regresó el Día de las Madres, 9 de mayo de 1967, con otros visitantes que llevaron claveles rojos y comida para los presos. No permitieron la visita, ni entregar la comida, a pesar que se había concedido el privilegio en otras prisiones ese día. Nora y los demás visitantes comenzaron a gritar que el jefe de la prisión, el teniente Emidio «El Ñato» González, no tenía madre.

Otro incidente ocurrió en Sandino Tres el 6 de agosto de 1967, al poner altoparlantes para que los presos escucharan el

---

[116] Enrique Ovares Herrera (septiembre 17, 1924-febrero 28, 2006) natural de La Habana, su padre fue oficial del Ejército que tomó el cuartel de San Ambrosio durante la revolución de 1933. Estudió arquitectura en la Universidad de La Habana durante 1946-1951 y fue secretario de la Escuela de Arquitectura y presidente de la Federación Estudiantil Universitaria (FEU). Encabezó una delegación estudiantil a Colombia cuando estalló el Bogotazo el 9 de abril de 1948. Contrajo matrimonio con Yolanda Gutiérrez Vianello en 1952 y tuvieron tres hijos. Fue preso político durante 1959-1966 tras Reinaldo Blanco Navarro incluirlo en la Conspiración de Trinidad. Posteriormente se instaló en Key Biscayne, Florida, donde falleció después de recibir tratamiento de diálisis.

juego de pelota amateur entre Cuba y Estados Unidos. Cuando ganó el equipo norteamericano, los reclusos lo vitoreamos con alboroto por lo que nos golpearon y castigaron los esbirros penales. Nora me siguió visitando allí y me trajo noticias que su hermano Sandalio y su primo Antonio Pena habían llegado a la Florida el día de Navidad de 1969 después de cruzar en balsa el Estrecho de la Florida durante tres días. Su hermana Nancy había salido a Miami por los Vuelos de la Libertad dos años antes.

En 1970, los presos políticos fuimos trasladados para la prisión El Caribe en Consolación del Sur. Allí me visitó Nora el 14 de febrero, Día de los Enamorados, y me trajo una jaba adornada con flores, mariposas y corazones. Después me cambiaron para la granja penitenciaria de San Cristóbal en Pinar del Río. Ese año fui trasladado para la prisión de Cinco y Medio en Pinar del Río por seis meses. La comida la disminuyeron como castigo porque nos negamos a cortar caña durante la fracasada zafra de los 10 millones de toneladas de azúcar. Cuando Nora me visitó el 17 de julio de 1970, no me reconoció debido a lo delgado que yo estaba después de rebajar 40 libras, quedándome en 105 libras. No le permitieron entregarme jaba ni comida y la visita fue en un banco de madera en el pasillo frente a las celdas. Nora le escribió al Papa Pablo VI pidiendo que intercediera por nuestra grave situación. Recibió una decepcionante respuesta de la Nunciatura Apostólica en La Habana diciendo que «para tales asuntos no es posible obtener los resultados deseados.»

Un mes después, me enviaron para la prisión de Taco Taco en Pinar del Río donde pude reponerme. Después de nueve años de casado, el 20 de septiembre de 1972, se realizó nuestro primer encuentro matrimonial para procrear un hijo. Nos permitieron dos horas en una cabañita de una sola habitación, con una cama, una mesita, dos sillas y el baño. A los tres meses, me llevaron de regreso a la prisión de Cinco y Medio. Cuando me visitó Nora el 20 de febrero de 1973, noté su embarazo. Al pasarle mi mano sobre su vientre le dije: «Ya puedo morir feliz» y ella me respondió: «Al contrario, ahora más que nunca tienes que luchar por nosotros.» Al siguiente mes, en una visita especial, nos casamos por la Iglesia Católica bajo matrimonio de conciencia. Ante los testigos Ramón Alonso y Carlos Casanova firmamos un documento que decía: «Yo, Carlos M. Lazo Cuba, acepto por esposa a Irene N. Ortega Lorenzo en la salud y la enfermedad en el sufrimiento y la alegría en la riqueza y en la pobreza, hasta que la muerte nos separe.» El documento fue inscrito en la iglesia de Los Pinos en el barrio de Arroyo Naranjo.

Cinco meses después me trasladaron para la fortaleza de La Cabaña en La Habana, donde mi hermana Eloísa me trajo una carta clandestina de Nora, avisándome que el día anterior, el 17 de septiembre de 1973, había nacido mi hijo Carlos Manuel en el Hospital Leonor Pérez en Rancho Boyeros. Cuatro meses después, el 8 de enero de 1974, me trajeron al niño de visita. En marzo tuve otro traslado para la prisión de Melena Dos y en menos de un año para el centro Camacho Medero.

Después de 17 años de presidio, el 28 de septiembre de 1975, me permitieron mi primera visita a mi familia por un fin de semana lo cual realicé de sorpresa. Cuando abrí la puerta de la casa mi niño de dos años exclamó «llegó mi papá» y fue corriendo hacia mí. Al día siguiente fuimos a la estación de policía a firmar el pase, asistimos a misa y un vecino, Pedro Frigola, nos llevó a la capilla del Rincón San Lázaro. Cuando recibí otro permiso para visitar a mi familia un fin de semana en diciembre de 1976, ya los padres de Nora habían partido al exilio en un vuelo a Madrid el mes anterior. La separación de la familia afectó a Nora emocionalmente, sufriendo la misma soledad que yo tuve en el presidio. Celebré la primera Noche Buena con mi familia en 1977 al recibir otro pase del presidio. Mi esposa e hijo me visitaron el Día de los Padres de 1978 en una granja de confinados en Los Palos, provincia de La Habana.

En el verano de 1978, Fidel Castro comenzó a cumplir las demandas del departamento de Estado norteamericano que para mejorar las relaciones entre ambos países tenía que liberar de presidio a los norteamericanos agentes de la CIA Larry Lunt, Frank Emic y Everett Jackson, a quienes conocí tras las rejas; permitir a los cubanos con ciudadanía estadounidense irse de la isla; soltar a miles de presos políticos cubanos; y conceder la reunificación familiar permitiendo a los exiliados visitar brevemente a sus parientes en Cuba. Castro pretendió que accedió a estas exigencias a través de unas negociaciones fingidas con un grupo de emigrantes oportunistas del llamado Comité de los 75. Iban a empezar a liberar a unos 4,000 presos políticos, más de la mitad detenidos al salir clandestinamente de la isla, en grupos de 400. Algunos presos no los soltaron hasta terminar sus condenas, como Mario Chanes de Armas, veterano del asalto al cuartel Moncada y de la expedición del Granma, quien no salió de presidio hasta 1991, al cumplir su sentencia de 30 años. La dictadura posteriormente continuó encarcelando a sus opositores políticos con largas condenas.

El 13 de noviembre de 1979, la Gaceta Oficial del régimen castrista anunció el indulto de 400 presos políticos, donde mi nombre apareció con el número 208. Al día siguiente salí de la granja de confinados La Marina, en la carretera de Camacho, a dos kilómetros de Batabanó. Ramón Alonso Guillot y yo fuimos los dos últimos pilotos de ser liberados.

Antes de irnos del país, me estuvieron interrogando en las oficinas de emigración por cuatro días, desde las nueve de la mañana hasta las cuatro de la tarde. El local era la antigua mansión de César Rodríguez, dueño de los almacenes Ultra. Los investigadores me preguntaron si yo iba a reunirme con mi sobrino Jesús «Nenito» Lazo Rodríguez y falsamente insistían que yo mantenía correspondencia con él, que sabía dónde él estaba escondido y que nos íbamos a reunir en Miami. Le respondí: «Si lo veo, lo abrazo, porque es mi sobrino pero no participaré en sus actividades, ya que yo estoy dedicado a mi familia.» Dije que solo sabía de su caso cuando un presidiario común que resultó ser informante me enseñó un periódico *Granma* con un artículo que mencionaba que asesinó en Miami durante un intento de secuestro al emigrado activista castrista Luciano Nieves Mestre, cuyos dos hermanos eran coroneles del Ejército Rebelde.

El 23 de enero de 1980, mi esposa, nuestro hijo, y yo salimos en un vuelo de Air Florida de Rancho Boyeros directo a

Miami con cientos de otros presos políticos y sus familiares. Logramos el anhelo de poder vivir en libertad en Estados Unidos donde nuestro hijo Carlos se pudo criar, estudiar y desarrollar bajo un sistema democrático.

FOTOS

El mercenario norteamericano Frank Fiorini, alias Frank Sturgis, posa con brazalete del Movimiento 26 de Julio y un rifle sobre la fosa común donde yacen los restos de más de 100 fusilados en la Loma de San Juan el 11 de enero de 1959. El teniente Carlos Lazo Cuba era el número 16 en la lista para ser ejecutado con ellos.

Avión T-28 Trojan que adquirió el capitán rebelde Jorge Triana Díaz en Miami y lo llevó a territorio rebelde el 5 de diciembre de 1958. Dos días después, Triana lo usó para tirar bombas caseras que no explotaron contra el Ejército durante el combate de La Maya. De izquierda a derecha: Félix Rodríguez González, quien luego murió accidentado con Camilo Cienfuegos, Bruno Evans Rosales y José «Pepín» Pujol Soler, en el aeropuerto de Santiago de Cuba, el 3 de enero de 1959.

En primera fila en la Sala del Pleno del Tribunal durante el juicio en Santiago de Cuba: Carlos Lazo con camisa de cuadros.

En primera fila en la Sala del Pleno del Tribunal durante el juicio en Santiago de Cuba: Carlos Lazo con camisa de cuadros.

Los pilotos en atención durante la lectura de sentencia.
En primera fila: Carlos Lazo en camisa de cuadros.

Segundo Tribunal revolucionario que condenó a los pilotos.
De izquierda a derecha: Comandantes Belarmino Castilla Mas, Carlos Iglesias Fonseca, Manuel Piñeiro Losada, Demetrio Montseny Villa y Pedro Díaz Lanz.

El abogado defensor Arístides D'Acosta Calheiros.

Carlos Lazo en su celda en la prisión de Boniato

Teniente Francisco Campbell Colt

Rodolfo «Seafury» Hernández Herrera con su uniforme de teniente coronel de la Guardia Nacional estadounidense

Coronel Leopoldo Pérez Coujil

Irene Nora Ortega Lorenzo de Lazo

La familia Lazo, enero 30, 1978

			RCS-2
MINISTERIO DE JUSTICIA REGISTRO CENTRAL DE SANCIONADOS	**CERTIFICACION DE ANTECEDENTES PENALES**	SOLICITUD PAGADA No.	No. DE ORDEN

NOMBRE(S) CARLOS MANUEL

PRIMER APELLIDO LAZO **SEGUNDO APELLIDO** CUBAS

LUGAR DE NACIMIENTO (CIUDAD, PUEBLO, PROV.) PINAR DEL RIO **CIUDADANIA** CUBANO **FECHA NACIMIENTO** 18-6-1931

SEXO M **ESTADO CIVIL** CASADO **PROFESION, OFICIO O DEDICACION** PILOTO

DIRECCION (CALLE) TERMINO **No.** 58 **CIUDAD O (PUEBLO)** CALABAZAR **PROVINCIA** C. HABANA

NOMBRE(S) DEL PADRE JOSE **NOMBRE(S) DE LA MADRE** MARIA

GRAVADA ☒ ABONADOS LOS DERECHOS QUE SEÑALA LA LEY 1264 DE 14 DE ENERO DE 1974.
SURTIRA EFECTO EN: ☒ CUBA ☐ OTROS PAISES
EXENTA ☐ LIBRE DE PAGO DE LOS DERECHOS QUE SEÑALA LA LEY 1264 DE 14 DE ENERO 1974.

HOJA PENAL No.

EL ENCARGADO DEL REGISTRO CENTRAL DE SANCIONADOS CERTIFICA:

Que examinadas las Hojas Penales de sentenciados por delitos desde Enero 1ro. de 1889, que constituyen el archivo del Registro Central de Sancionados, la persona cuyas generales se consignan más arriba:

Fue sancionada por el Consejo de Guerra sentencia 13 de Febrero de 1959, Delito: GENOCIDIO, a la sanción: TREINTA AÑOS, en la Causa 127/59.-

171403

Y para que así conste se expide la presente certificación, de conformidad con lo dispuesto en la legislación vigente, en la ciudad de La Habana, en la fecha que se deja consignada.

BUSQUEDA VERIFICADA POR | **CONFRONTADO POR** | **FECHA** APR 17 1979 | **ENCARGADO DEL REGISTRO**

Carlos Lazo fue sancionado a 30 años de presidio por el delito de genocidio, un crimen de exterminio contra un grupo étnico o social por motivos de raza, religión o política. El cargo creado por Fidel Castro no aplicaba y tampoco estaba vigente en el Código Penal de la República o en las leyes revolucionarias promulgadas en la Sierra Maestra.

ÍNDICE ONOMÁSTICO

Abra de Mariana, Oriente 22
Academia Bravo 3
Academia Cubana de Aviación .. 3
Acanda Castillo, Eugenio 95
Acción Católica 98
Acción Cubana .... vii, 74
Acción Revolucionaria
 Democrática vii
Acueducto de Yateritas 26, 27, 51
Aero Club de Santiago de Cuba
 .... 23, 52, 56
Aero Commander 506A 25
Aeropuerto de Bayamo 84
Aeropuerto de Camagüey . 30, 32, 41, 45, 49, 55, 113
Aereopuerto de Columbia ... 4, 6, 117, 141
Aeropuerto de Guantánamo 10, 20, 54
Aeropuerto de Los Caños ... 7, 15-19
Aeropuerto de Palma Soriano . 51, 64, 67
Aeropuerto de San Pedrito . 56, 57
Aeropuerto de Santiago de Cuba .. 5-6, 22-24, 27-28, 48-49, 52, 54, 56- 57, 60, 62, 64-65, 67-74, 77-80, 82-83, 100
Agencia Central de Inteligencia (CIA) . v, vii, 23, 25, 34, 53, 62, 73, 90, 146
Aguacate, Oriente 102

Agüero, René 7
Aguiar Poveda, Luis .. 95, 103, 105, 107, 133
Águila Amador, Hilda 105
Águila Gil, Manuel 57- 58, 60, 66, 72- 73, 76- 77
Águila Rojas, Adolfo Zacarías . 46
Aguilera González, Pedro C. 84
Aizpurúa Miñoso, Félix 28, 58
Ají de Juana 101
Alemán, José 84
Alemany Peláez, Jorge Jesús 94, 102, 106
Alfonso, Félix 115
Alfonso-Carol Armand, Oscar. 34, 40, 45
Almacenes Ultra 147
Almeida Rodríguez, Raúl 119
Almendares 5, 80
Alonso, Ramón 146
Alonso González, María Concepción 93
Alonso Guillot, Ramón T .24, 94, 102, 147
Alpha 66 88
Alto Songo, Oriente 14, 21, 27, 58, 67, 102, 104- 105, 109
Altos de la Victoria, Oriente ... 15-16, 18- 19, 64
Altos de Quintero ... 21, 49, 68, 70
Álvarez, Gustavo S. 101

Álvarez, Francisco..................... 78
Álvarez Castillo, Ángel............ 41
Álvarez de la Campa, Fausto Odón.............................. vii, viii
Álvarez Mola, Alfredo............. 37
Álvarez Sanz, Leopoldo........... 90
Amarillas, Matanzas................. 24
Ameijeiras, Efigenio............ vii, 9
Antúnez González, Teleforo R... 94
Aponte, Emiliano............... 50, 91
Arango Cortina, Eduardo....... 144
Arbenz, Jacobo........................ 62
Arcos Bergnes, Gustavo......... 100
Argüelles, mecánico................. 57
Argüelles Aróstiga, Ramón 56, 79, 94
Arrocera Cadenas..................... 33
Arroyo Naranjo...................... 146
Artemisa.................................... ii
Artigas Fleites, Juan H............. 76
Audiencia de La Habana.......... 93
Audiencia de Santa Clara 117-118
Audiencia de Santiago de Cuba 97- 98, 134
Avance, periódico................... 100
Aviación Naval...................... 116
B-26 .. 2, 6, 15-17, 24, 31-32, 42, 52, 54, 56, 59, 61, 65, 99, 102, 105, 110, 113, 117, 121
B-26 FAE-913......................... 16
Babún Franco, Teófilo............. 27
Bacallao Fonte, Pedro 24, 94, 102
Bacardí....................26, 56-57, 62
Bahía de Cochinos............ 18, 130
Bahía de Nipe..................... iv, 14
Baitiquirí, Oriente.................... 22

Balado, Dagoberto....................36
Banco de Fomento Agricola e Industrial (BANFAIC).......110
Baracoa, Oriente ... 11, 13-14, 23, 54, 61, 69, 90, 95
Barker, Bernardo......................90
Barquín López, Ramón M. ii, 2, 4, 62, 79, 118
Barrera Pérez, Pedro Antonio.. i-ii
Bascaró Sánchez, Antonio E. ..81, 90
Base naval estadounidense de Guantánamo v-vi, ix-x, 5-6, 14, 21, 23-28, 54, 56, 77
Batabanó.........................142, 147
Batallón 11 ....30, 36, 84
Batallón 17 74
Batallón 18 ....12, 49
Batista Agüero, Francisco Javier 30, 33-34, 45-46
Batista Zaldívar, Fulgencio....i, vi, viii, ix, x, 5-6, 15, 24, 36, 41, 47, 48, 57, 62-64,66, 68-71, 73, 81, 98, 101, 104, 112-118, 124, 130, 134
Bauta, Eva 143
Bayamo ....ii, 5, 22, 31-32, 75, 76, 80, 84
Bayamón, Puerto Rico..............63
Bayate, Oriente 101, 125, 135
Becerra Alba, Rafael...........43, 94
Beechcraft T-34 ....v, 22
Bejucal..4
Belice..26
Bell, Reinaldo 105
Bello, Teniente........................35
Bello Chávez, Nicolás 97-98, 127

164

Bello Fajardo, Ifraín 90
Benejam de Vázquez, Sarah 48
Berlin 89
Bermúdez Esquivel, Mario 65, 94, 100-101, 116-117
Bernal, Gastón 98
Beruvides Ballestero, Eulalio . 56, 78, 94, 102, 115,117
Bez Chabebe, Jorge.... 88-90, 103, 124
Blanco Miranda, Humberto 78
Blanco Navarro, Manuel Ángel 45-
Blanco Navarro, Reinaldo...... 144
Blázquez, Tony 81
Bogotazo................................ 144
Bohemia, revista .... iv, 130
Bolivar, Simón 108
Borbonet, Enrique 62
Borrero, Marcos 29
Bosch, José M."Pepín" 26, 62
Bosch Ávila, Orlando......... 44, 74
Brasil 62, 65, 83, 88
Brigada 2506 ... 18, 19, 45, 53, 67, 70, 74, 79, 130
Brito, Orlando.......................... 84
Brito García, Juan.... 94, 102, 119
Bronx, New York ix
Buría Acosta, Luis D.... 24, 54-55, 94, 102, 115
Buró Federal de Investigaciones (FBI) 90
Buró para la Represión de las Actividades Comunistas (BRAC) 32, 53, 86

Cabrera, Nydia Vilma 25
Cabrera, Rafael 30
Cádiz, España 24
Cajobabo, Mayaría Arriba 26
Calabazar.... 1, 42, 44, 64, 67, 142
Calabazas, Oriente . 102, 125, 135
Caldwell, William B v
Camagüey 5, 24, 29-30, 32-33, 35- 37, 40-43, 45, 48, 52-54, 116-117, 140
Camejo Ferrero, Eusebio 111
Campamento Columbia ... 3-4, 16, 38, 43, 47-48, 57, 73, 100-101
Campbell Colt, Francisco Rogelio 5-6, 10-11, 28,49-50, 59, 71, 77-79, 81, 84-85, 87-88, 91-94, 99,106, 124, 157
Campos Pontigo, Narciso ...51, 83
Camps Ruiz, Vicente viii, 49, 83, 90
Canals Rabasa, Carlos . 32-33, 42, 47-48
Cananova, Mayarí Arriba , 25, 55, 104
Cano Rojas, Alejandro 74
Cantillo González, Carlos 33
Cantillo Huget, Amado 55
Cantillo Porras, Eulogio.....21, 32, 56, 58, 60-61, 64-65,67-70, 72-73, 77, 82
Cañizares Valdivia, José Luis "Lalo" 28, 41, 49
Caobita, Camagüey 36
Capote Oropesa, Alfredo 94, 103
Caracas ii
Cárcel de La Habana 30

165

Cardero, Hermes 52
Carretera Central 2, 40, 48, 54, 58, 67
Carro blindado T17 ...... 27, 54, 59
Cartas Fernández, Romelio 41
Casa Estrada, Camagüey 88
Casa Isa, San Antonio de los Baños................................4
Casallas Manso, Manuel de Jesús 8
Casanova, Carlos 146
Casero Guillén, Luis 85, 90
Casillas Lumpuy, Arcadio R 7, 28, 51
Casillas Lumpuy, Joaquín.... 7, 68
Caso Pérez, René 86
Castellón, Félix......................... 38
Castellón Martínez, Lázaro 33, 37-38
Castilla Más, Belarmino 130, 133, 154
Castillo del Morro de La Habana 74, 86
Castillo del Morro de Santiago de Cuba 80
Castillo del Príncipe ... 29, 88, 141
Castro Ruz, Fidel ..i, iv, vi, viii, x, xi, 5, 21, 23, 26, 42, 44, 48, 52, 59, 62-63, 65,68-71, 73-77, 79, 85, 87, 89, 94-95, 97-98, 100, 103, 116-118,128-133, 135-140, 146-147
Castro Ruz, Raúl v,vi,2,4, 8, 9, 21, 23, 28, 55, 65, 69, 70, 73-74, 81, 83, 86-87, 93, 97
Castro San Román, Rafael 116

Catasús Pazos, Felipe Antonio 50-51, 53,56, 93, 101, 107, 113, 118-119
Cayo Espino 102
Cayo Hueso, Fla................... 8, 66
Cejas Sánchez, Antonio.... 94, 98, 100, 103, 108, 115, 119-120, 123, 128, 133
Celeceda, José Luis 141
Central Baltony, Oriente 21
Central Ermita, Oriente 21
Central Estrada Palma 118
Central Francisco 29, 30, 33-35
Central Jatibonico 45-46
Central Jobabo 55
Central Los Caños 7, 16, 21, 51
Central Macareño 33-36
Central Oriente 69
Central Palma Soriano 80
Central Preston 23, 84
Central Santa Marta 31
Central Vertientes 39
Centro Camacho Medero 146
Cerro Pelado, Oriente 52
Céspedes, Camagüey 37
Cessna 180 27
Chacón Alpízar, Maximino 114
Chacón García, Rolando 113
Chamorro, Pedro Joaquín   25
Chanes de Armas, Mario 147
Chapman, Robert D. 23
Chapola 97
Chappi Yáñez, Francisco 9, 11, 28, 94, 102, 115, 118

166

Charco Mono, Oriente 27
Chaumont Stincer, Próspero Julio 20
Chaviano Álvarez, Policarpo S. 19, 38, 49, 54
Chico, Wajay 3
China vii
Chippi Gener, Juan J. 52
Chivirico, Oriente 14, 24
Ciego de Ávila.. 37-38, 40, 45- 48
Cieneguilla, Oriente 44
Cienfuegos .... ii, 18, 61, 107, 114-115, 117
Cienfuegos Gorriarán, Camilo 37, 40, 42, 97, 150
Ciudad México 75
Clavel, Jesús 104
CMKC radio 128
CMQ Televisión 114, 138
Cobrey Santario, Enrique José. 26
Código de Defensa Social 101
Código Penal de la Sierra Maestra 100, 123
Colegio Belén 62
Colegio de Abogados de la Habana 136-138
Colegio de Abogados de Santiago de Cuba 99, 128, 132-133, 137-138
Colegio Dolores 68
Colegio Nacional de Abogados xi, 131-133, 137- 38
Collado, Comandante 69
Colombia 144
Colonia de caña Corea 3 34
Columbié Peña, Armando 108

Columna No. 2 Antonio Maceo 40
Columna No. 6 Frank País 97
Columna No. 8 Ciro Redondo 29-31, 39-42, 45
Columna No. 11 Cándido González 34
Columna No. 18 Antonio López Fernández 54, 97-98
Columna No. 19 José Tey 10
Comité de los 75 147
Compañía 92 12
Compañía 96 de Infantería . 35-36
Compañía 96 de la FAE 36, 46
Compañía 97 de la FAE 33, 36
Compañía 104 .... 60-61, 65
Compañía B-1 .... 34, 40, 45
Compañía C de tanques 75
Compañía de Guantánamo 52
Compañía de Servicio 75
Confederación de Trabajadores de Cuba (CTC) vii
Congo 25, 34, 53
Consolación del Sur, Pinar del Río 57, 145
Conspiración de Cienfuegos .. 107, 114-118
Conspiración de los Puros .... ii, 2, 79, 118
Conspiración de Trinidad ... 8, 28, 144
Constitución de 1940 vi
Conte Agüero, Luis 138
Contramaestre, Oriente ... 21, 110, 135
Cooperativa de Omnibus Aliados ii

167

Copa Club, Santiago de Cuba. 71-72
Córdoba Aguiar, Arístides 94
Cortina García, José Manuel 1
Cosío, Rondolfo 79
Costa Rica 26, 44, 53
Cruz, soldado 39-40
Cuarta República vii
Cuartel Agramonte 37
Cuartel de Alto Songo 106
Cuartel de Bayamo 84, 98, 116
Cuartel de Ciego de Ávila.. 40-41, 47
Cuartel de Cuneira 52
Cuartel de Guanábana 58
Cuartel de Imías 111
Cuartel de Managua 37
Cuartel de Manzanillo 66
Cuartel de Palma Soriano 58
Cuartel de San Ambrosio 144
Cuartel de San Luis 49, 105
Cuartel Moncada.vi, viii, 6, 9, 18, 21-22, 50, 56, 58, 60, 62, 65-66, 68-77, 81-85, 90,95, 98-100, 103, 133, 147
Cuatro Caminos 33
Cuatro Compañeros, Camagüey 30
Cuba Aeropostal 32, 53, 78
Cuba Pérez, Zoila Estrella.. 1, 141
Cubana de Aviación.. iv, 3, 6, 14, 17-18, 23, 25, 48-49, 52,55, 64, 67-68, 77-78, 113
Cubela, Rolando vii
Cubría Ramos, Armando ...vii-viii
Cuervo Barrera, Rubén 112

Cuneira, Oriente 15, 27, 52, 99
Curtiss C-46 Commando ... 44-45, 55, 70
D'Acosta Caleiro, Arístides.....95, 98, 100-104, 106-110, 114, 119-120, 123-124, 131, 133, 133, 136, 137
Dallas, Texas .... iii, 88
Danger, Demetrio 104
Dayton, Ohio 25
Daytona Beach, Fla 62, 117
DC-3 55
DC-4 53
DeHavilland Beaver...2, 8, 53, 79, 82
DeHavilland Beaver FAE 15 9
DeHavilland Beaver FAE-16 ...77
DeHavilland Beaver FAE-31 ..... 26,50, 56-57, 60, 63-64, 69, 77-78
de la Cerda, Nancy 44
de León, Manuel 118
del Río Chaviano, Alberto Roberto.. iii, 6, 9-10, 23-24, 32, 41, 67-68
del Valle Díaz, Alberto 32-36
Delgado, Ignacio 10
Delgado, Jonás 18
Delgado, Nicolás 90
Delgado Hernández, Sandino..... 94
Departamento de Estado norteamericano .. v, 27, 62, 146
Despaigne Noret, Enrique.. 81-82, 86-87, 89, 91
Destilería Castillo, Santiago de Cuba 57

Diario de la Marina, periódico 100
Díaz, Higinio 74
Díaz Aguiar, Emilio 94
Díaz Arias, Josefina 104
Díaz Cartaya, Agustín 116
Díaz Doval, Benigno... 24-25, 114
Díaz Garay, José Ramón.... 61, 65
Díaz Lanz, Esther María 44
Díaz Lanz, Guillermo............... 45
Díaz Lanz, Jorge....................... 44
Díaz Lanz, Pedro Luis 44, 93, 108, 130, 133, 140, 154
Díaz Palma, José A. 59
Díaz Tamayo, Martín 57, 62
Dirección General de Inteligencia (DGI) 74
Directorio Revolucionario 26
Domínguez, Orlando 17, 20-21, 54
Domitro, América .... ix, 129
Dos Caminos del Cobre, Oriente 82
Dos Palmas, Oriente 21, 27-28, 141
Douglas C-47 2, 9, 17, 24, 28, 44, 47, 50-51, 58, 62, 141
Dueñas Robert, Víctor M. ... 30, 32
Duque, Félix 59
Durán Batista, Carlos 12
Durañona Fernández, Abel, ...3
Duvalier, François 75
Duvalón González, José Antonio 110
Echevarría, Pablo 143

Echevarría Antomarchi, José Caridad 105
Eisenhower, Dwight 62
Ejército del Ebro 74
Ejército de Liberación 74
Ejército Libertador (mambises) 63
Ejército Libertador de Cuba 86
Ejército Rebelde 69, 97, 100, 105, 112-113, 124, 126, 130, 135, 147
El Aguacate, Oriente 9, 101
El Caney, Oriente 72
El Cobre, Oriente 27, 58-59
El Crisol, periódico 100
El Cristo, Oriente 21, 67
El Cuarto Piso 68
El Escandel, Oriente 71, 87, 89
El Escribano, Camagüey 43
El Jíbaro, Camagüey 43
El Jíbaro, Oriente 102
El Macho, Oriente i
El Mundo, periódico 100
El País, periódico 100
El Salto, Oriente 97, 124
El Uvero, Oriente 27, 97
Embajada estadounidense ... 27, 69
Embarcadero de Santa María, Camagüey 37
Embargo de armas estadounidense a Cuba ... iv, 24, 43
Emic, Frank 146
Enrizo Martínez, Orlando .. 30, 33, 84
Escalona Reguera, Juan .. 128, 130

169

Escambray 143
Escandel 74
Escuadrón 21 de la Guardia Rural 31-32
Escuadrón 22 de la Guardia Rural 32
Escuadrón 23 de la Guardia Rural 32, 38
Escuadrón 24 de la Guardia Rural 33
Escuadrón 25 de la Guardia Rural 32
Escuadrón 26 de la Guardia Rural 33
Escuadrón 35 de la Guardia Rural 68
Escuadrón de la Guardia Rural de Ciego de Ávila 39, 46
Escuadrón de la Guardia Rural de Palma Soriano 51, 83
Escuela de Cadetes del Morro .. ii, ix, 22, 30, 37
Escuela de Clases 57
Escuela de las Américas 33
Escuela de Reclutas 2
Escuela Normal de Santiago de Cuba 98
España 62, 118
Espín Guillois, Vilma 81
Espinosa, Rev. Manuel 116
Estación central A-4 de radio comunicaciones 21
Estación de policía de Santiago de Cuba 87
Estado Mayor 24, 37
Estado Mayor Conjunto 22, 67

Estado Mayor del Ejército . iii, 18, 24-25, 28, 37-38, 42, 44, 54, 62, 65, 67, 72-73, 111
Estados Unidos37, 55, 61, 79, 145
Estero Juan Hernández 45
Estévez, Capitán médico 62
Estévez de Arco, Guillermo 94, 102, 116, 119
Estévez Maymir, José A. 63
Estrella Errante 24
Evans Rosales, Bruno 150
Excelsior, periódico 99
Expreso Aéreo 32
Expreso Aéreo Inter-Americano 32, 53, 78
F-47 Thunderbolt . 2, 6, 15-16, 18, 31-32, 45, 61, 63, 98, 102, 113
Fábrica La Catedral, Camagüey35
Fairchild C-119 56
Federación Aérea Nacional 25
Fernández, Gerardo 117
Fernández Blanco, Remigio 29
Fernández Breña, Diego 94
Fernández Casilla, Clemente 36
Fernández Fernández, Gerardo 117
Fernández Mascaró, Guillermo 63
Fernández Mascaró, Jorge 119
Fernández Miranda, Roberto iii
Fernández Tablada, Máximo B. 81, 88
Fernández Uriarte, Eduardo 83, 85, 88, 92-93
Ferrer, Eduardo 38-39
Ferrer Da'Silva, J. 76

Ferrer del Castillo, Eduardo ... 2-3, 114, 120
Ferro Fonseca, Soleris 110
Ferro Morejón, Raquel María .. 25
Figueroa, Willy 81
Finca Bolsillo de Pina, Camagüey 42
Finca El Toro, Las Villas 45
Finca La Federal 29-30, 33-34
Finca San Miguelito, Najasa 37
Fiorini, Frank 44, 89-90, 149
Florence, Carolina del Sur 62
Florida 24, 26, 75, 97-99, 117, 116, 145
Florida, Camagüey 37
Flying Tigers 62
Fort Sill, Oklahoma 74
Fortaleza de La Cabaña 29, 45, 50, 146
Franco Llitera, Roberto 7-8, 23-24, 69
Freeport Sulphur Company.. v, 21
Frente Obrero Revolucionario de Cuba vii
Frigola, Lázaro 33
Frigola, Pedro 146
Fuentes, Ramona 1
Fuerza Aérea Británica 55
Fuerza Aérea del Ejercito (FAE) ..v, x, xi, 2, 4, 6, 11, 19, 27, 43, 46, 48, 55, 87, 107, 113-115, 117-118, 124
Fuerza Aérea Rebelde (FAR) .. 2-3, 4, 44, 55, 79, 93, 108,113-114, 116-118, 120, 130, 133, 139-140

Fuerzas Armadas Revolucionarias 12, 59, 97
Fusté Cayol, Vicente 90
Gallardo, Lázaro 36
Gálvez Rodríguez, William 39, 141
Gamboa Alarcón, Luis S. 87
Gámez Sánchez, Carlos 58-59
Garbey, Sargento 91
Garcerán, Migdalia Caridad 78
García, Estela 119
García Abreu, Julio 94
García Báez, Rolando 51, 118
García Cruz, Manuel 85
García Fernández, Recaredo 84, 95, 108, 109, 133
García Fernández, René. 112-113, 120
García González, Marcelino 80
García Gudiña, José Manuel ... 110
García Torres, Alexis 109
Garbey, Sargentp 91
Gaviro, Oriente 97
Genocidio ... x, xi, 4, 99, 101, 107, 120, 123, 126-127, 133, 136, 162
Gil Marino, Ángel 110
Godes Rojas, Luis 6
Gómez, Florencio 34, 36-37
Gómez de Molina, Raúl 81, 83-84, 86-87, 90, 92
Gómez Oquendo, Victorino 75
González, Cándido 87-88
González, Clarita 94
González, Emidio ElÑato 144
González, Omara 14

171

González Hernández, Héctor "El Loquillo" 42-45
González Lemus, Capitán 40
González Matos, Tomás 115
González Rojas, Luis M 4, 42, 44-45, 84
González Seisdedos, Agustín .. 71, 89
González Torrecillas, Antonio. 70
Gran Caymán 25
Gran Hotel de Camagüey 55
Granja de confinados La Marina 147
Granma, periódico 90, 147
Granma, yate 90, 147
Griñán Peralta, Raúl 92
Guáimaro, Camagüey 37, 70
Guamá, Baracoa 97
Guanabacoa .... ii, 19
Guanábana, Oriente 58, 64
Guanamaquilla, Camagüey 38
Guantánamo, Oriente ......iii, 7-11, 13-15, 19-21, 26, 28, 29,38, 49, 51-52, 54-55, 67, 97-98, 105, 111, 112
Guardia Rural . 4, 8, 20, 46, 48, 53
Guardia Rural de Ciego de Ávila 39
Guardia Rural de Guantánamo 7-8
Guatemala 18, 62
Guerra, Israel 36
Guerra Civil Española 74
Guerra de Corea 34, 114
Guerra de Independencia .. xi, 63, 119

Guevara, Ernesto "Che"..iv, v, 25, 29, 31, 34, 35, 39-40, 53, 68
Güira de Melena 5, 44
Guisa, Orinete 102
Gutiérrez Álamo, Pedro 36
Gutiérrez Fernández, Félix 57
Gutiérrez Valdés, Antonio ..81, 87
Gutiérrez Vianello, Yolanda ... 144
Gutiérrez Vinajera, José Ramón 40
Guzmán, Francisco 68-69, 72, 124, 129
Haití 8, 75
Hart, Elsie 78
Hart Dávalos, Armando 72
Hart Dávalos, Marina 72-73
Haza Grasso, Bonifacio 72-73, 87, 89
Heredia, Ramón 89
Hernández, Eduardo 78
Hernández, José M 69
Hernández,Nemesio 94, 103
Hernández González, José 65
Hernández Herrera, Rodolfo "Seafury" 66, 80, 85, 87-88, 93,94, 99, 138, 158
Hernández Matos, Antonio 108
Hernández Ramírez, Valentín ..73
Hernández Rodríguez, Israel 36
Hernández Rodríguez,del Rey, Melba 99
Hernández Tellaheche, Arturo..85
Hialeah, Florida 48, 57, 67
Himno del 26 de Julio 116

Holguín 20, 49, 51, 53, 55, 58, 63, 74
Homestead, Florida .... viii, 86
Hormel, Charles William 25-26
Hospital Leonor Pérez, Rancho Boyeros 146
Hospital Militar de la Habana. 11, 41, 50, 61-62
Hospital Militar Saturnino Lora 11, 50, 60-61, 76
Hotel Casa Granda 75, 82, 129
Hotel Palma 60, 65-66, 113
Hotel Washington, Guantánamo 20
Hoy, periódico 74
Huelga de abril de 1958 ..... 78, 80
Ibarra Pérez, Rodulfo 72
Iglesias de la Torre, Luis Joaquín 61- 62
Iglesias Fonseca, Carlos "Nicaragua" 130, 133, 154
Iglesias Ramírez, Manuel . 25, 93-94, 102, 114, 116-118
Imías, Oriente ... 15, 18, 22-23, 54, 99, 102, 110-111
Instituto de Segunda Enseñanza 129
Instituto de Segunda Enseñanza de Santiago de Cuba 98, 129
Inter American Aviation School.3
Interamericana de Transporte .. 87
Isla de Pinos .... ii, 117, 141-143
Islas Canarias 1
Iznaga, Donato 112
Izquierdo, Orlando 66, 69, 77
Jackson, Everett 146
Jackson Memorial Hospital ii

Jatibonico, Camagüey 37-38
Jiguaní, Oriente 110
Jiménez Azahares, Eudocio.... 111
Junta Revolucionaria Cubana (JURE) 74
Juventud Obrera Católica 80
Kennedy, John 142
Kenia 6
Key Biscayne, Fla 144
Kremlin 42
La Cabaña 29, 45, 50
La Forestal, Camagüey 33
La Güira 1
La Habana .. .iii, v, vii, x, 2-3, 6, 8-10, 13, 18-19, 24, 27-28, 41, 44-45, 49-51, 56-59, 62, 64-65, 67-70, 72, 76, 78-79, 83-84, 88, 93-94, 97, 100, 103, 108, 116, 130, 132, 134, 139-141, 144-146
La Lima, Oriente 7, 9-10, 15, 112
La Maya, Oriente .. 14, 21, 67, 81, 93, 102
La Prueba, Oriente ... 21, 99, 104-105, 109, 125, 135
Labrada Pineda, Ricardo 106
Laffite Espinal, Enrique 115
Laffite Franco, José 115
Laguna Baja, Camagüey 37-40
Laguna de Baconao 6, 54
Lam Rodríguez, Roberto ... 94, 101, 106, 116-117
Lamothe, Cristina 112
Larín, primer teniente 12
Las Marianas 59

173

Las Martinas, Pinar del Río 46
Las Mercedes, Oriente 11, 84
Las Villas.... 32, 45, 63, 68, 73, 99
Lavastida Álvarez, Agustín "Bebo" 32
Lazo Cuba, Alejo 143
Lazo Cuba, Antonio xi, 84-85, 94-95, 113
Lazo Cuba, Carmen................ 143
Lazo Cuba, Eloisa 146
Lazo Cuba, José "Neno" 1, 142
Lazo Cuba, Paula 94
Lazo López, José.........................1
Lazo Ortega, Carlos Manuel. 146-148, 161
Lazo Rodríguez, Jesús "Nenito" 73, 147
Lenin, Vladimir 31
León, Rodolfo 98
León, Ubíneo............................ 52
Leonard, Julio 78
Lesnick, Samuel 116
Lesnick Menéndez, Max Edgardo 73, 116
Ley de Enjuiciamineto Criminal... 100-101
Ley Penal del Ejército Rebelde 128, 132
Ley Penal Militar.................... 101
Libertad, periódico 74-75, 91
Liga de las Naciones 1
Lima Silva, Rafael A. 5, 9-10, 32, 43
Limonar, Matanzas................. 57
Limonar de Monte Rus, Oriente 7-8, 10

Lindbergh, Charles....................48
Lira Pulido, Pedro 105
Liyin, Cresencio 94
Llansó Ordóñez, Enrique 131, 138
Llip Martínez, Gilberto........94, 103
Lockheed T-33 ....2, 32
Lockheed T-33 FAE-705.... 42-44
Logia masónica de Jatibonico ..38
Loma de San Juan . iv, 63, 88, 91, 93, 149
López, Clara Emelia 109
López, Mario.... 61, 71-72, 74, 77, 79
López, Puriciano 104
López, Rogelio..........................51
López, Yolanda.......................104
López Ballesta, Silvio 94
López Campos, Adolfo.............90
López Delgado, Mario 56, 68
López García, Manolín 3
López Legón, José "Pepín" 86-87, 90-91, 97, 127
Lorenzo Otaño, Francisco.........36
Los Angeles, California... vii. 102
Los Cocos bar, Santiago de Cuba. 72
Los Negros, caserío..................38
Los Palos, Granja de confinados 146
Los Pinos, Arroyo Naranjo.....146
Loynaz, Marta B. 25
Luguera Pérez, Ricardo 112
Lunt, Larry 146
Lussón Batlle, Antonio E.......105, 112

Maceira Aguilera, Manuel 93
Machado, Gerardo 63, 74
Maceo, Antonio 63
Madrid .... v, vii, 73, 80, 146
Maestre, Michael 26
Maffo, Oriente 102, 110, 112, 125, 135
Maisí, Oriente 12, 15
Managua, Nicaragua 20
Manfugás, cabo 49, 51
Manteira Amate, Argelio . 58, 64, 72, 78-79
Mantua, Pinar del Río 22
Manzanillo, Oriente ... 20, 44, 55, 90, 102, 117-118
Marianao 2, 67
Marina de Guerra 3, 12, 23, 32-33, 49, 62, 81, 84, 86, 90, 92
Marina Mercante estadounidense 29
Marines norteamericanos .. 23, 27, 89
Marks, Herman Frederick ... 29-30
Marroquí, Camagüey 40
Martí, José 113
Martínez, Maximino 81
Martínez, Osiris Rosendo 14
Martínez Chaviano, Jorge A. ... 33, 35
Martínez Leiro, Aurelio .. 117-118
Martínez Malo, Francisco 18
Martínez Malo, Mario 18
Martínez Morejón, Ramón I. 8-10
Martínez Páez, Juan M. 80
Martínez Sánchez, Augusto .. 130, 133-137

Martínez Suárez, José J 67
Mas Machado, Emilio 26
Mas Machado, Wilfredo Francisco ... 27, 48-49, 100, 106-107, 123
Masferrer Rojas, Rolando. 27, 74, 91
Matamoros del Valle, Miguel ... 69
Matanzas 51
Matos Benítez, Huber viii, 37, 67, 73-74, 79, 86, 88, 91, 93, 138
Matos Rodríguez, Faustino 58, 60-62
Mau-Mau 6, 13
Mayarí, Oriente 52, 109
Mayarí Arriba, Oriente ... 102, 104, 125, 135
McCalla Field 24, 54
Meléndez, Amable 116
Mendieta Hechavarría, Francisco .... ix, 90
Mendieta Tamayo, Francisco ... 90
Mercy Hospital, Miami 67
Merlo Loredo, Jorge 117-118
Mesa Yanez, Juan 94
México. 22, 30, 55, 63, 65, 74, 79, 90
Miami, Fla ii, iii, iv, viii, 1, 2, 5-6, 8, 11-12, 14, 18, 20, 22, 24-25, 30, 32, 34, 42, 44, 46, 48, 51-52, 55, 57, 59, 61, 63, 67, 73-75, 78-80, 84-86, 88, 90, 92, 116-117, 130, 145, 147-148, 150
Miami Beach, Fla 45, 62
Microonda A-4 .. 21, 49, 67-68, 70

Milicias Anti-Comunistas Campesinas 27
Milwaukee, Wisconsin 29
Ministerio de las Fuerzas Armadas Revolucionarias (MINFAR) 92
Moa, Oriente. v, 14, 20-21, 23, 55, 105
Molinero Castillo, Manuel A. . 29, 31, 34
Monte Forestal, Camagüey 30, 33
Monte Francisco, Camagüey ... 34
Monte Los Marineros, Camagüey 40
Monte Malo, Camagüey 37, 43
Montecino Alfonso, Heriberto 2-3
Montero Díaz, Noelio "Liviano" 70- 71, 75-76, 82
Montes de Oca, Cabo 67
Montes de Oca, Señora 64
Montseny Villa, Demetrio 130, 133, 154
Mora, Víctor 37
Morales Navarrete, Ricardo "El Mono" 78
Morón, Camagüey 37, 48
Moscú 5
Movimiento 26 de Julio vii, x, 14, 23, 34, 72, 81, 87, 97, 124, 149
Movimiento de Recuperación Revolucionaria (MRR) .. 80, 90
Movimiento Insurreccional Martiano (MIM) 51
Movimiento Revolucionario del Pueblo (MRP) .... ii, 74, 86
Mueblería Pintado, Guantánamo 20

Nacional Cubana de Aviación Curtiss 62
Naciones Unidas 124
Naranjo, Oriente 15
Naranjo Agrio, Oriente 10, 12, 64, 108
Navarrete Kindelán, Octavio .. 119
Navarrete Parreño, Octaviano .. 22
Navarro Broasard, Américo 81, 88
Negociado de Prensa y Radio del Ejército 19
New York Times iv
Nicaragua .... vi, 25
Nicaro Nickel Company 105
Nieves Mestre, Luciano 73, 147
Nueva Gerona 142-143
Nueva York .... ii, 30, 83
Nuevitas, Camagüey 37
Nunciatura Apostólica de La Habana 145
Núñez Rivero, Francisco Eloy 114-115, 123
Nuremberg x
Ocala, Florida 25
Ocujal de Mayarí, Oriente 102, 105, 125, 135
Odio, Amador 87
Olartecoechea, Manuel E. 52
Olazábal, Bernardo 119, 123
Olivera, Diego 36
Operación Makasi 25, 34, 53
Organización Auténtica 78
Organización de Estados Americanos (OEA) 23, 48
Oriente .. 2, 5, 8, 12, 14, 20-21, 28, 29, 32, 41-42, 50, 52-53, 72,

75, 100-102, 115-116, 123-125, 127, 135
Orlando, Fla................................ vii
Ors Pina, Pablo J. 44-45
Ortega Lorenzo, Irene Nora.... xi, 142-148, 160-161
Ortega y Lorenzo, Nancy 143, 145
Ortega y Lorenzo, Sandalio ... 145
Otaño, Francisco Lorenzo 37
Ovares Herrera, Enrique 144
Padrón Cárdenas, Tony 67
Pagliery Cardero, Jorge E. 95, 99, 103, 107, 110, 120, 124, 133
País, Frank .... ix, 129
Palacio de Justicia de Santiago de Cuba 88, 98
Palencia Marange, General Gaspar 81, 88, 91
Palma Mocha........................... 97
Palma Soriano, Oriente . iv, ix, 14, 21, 27, 58, 60-61, 64-65, 67, 69, 83, 102, 113
Palo Alto, Camagüey 42-43
Palsan, Juan José 116
Pan American Airlines 62
Panamá ii
Papa Pablo VI 145
Papa Pío XII 103
Parque Céspedes, Santiago de Cuba 75
Parque Martí, Guantánamo 20
Parque Martí, Palma Soriano ... 65
Partido Acción Unitaria (PAU) 81
Partido Auténtico 48
Partido Comunista 74-75
Partido Ortodoxo 48, 98

Partido Republicano.................. 75
Partido Socialista Popular...... 127, 134
Partido Unión Revolucionaria .. 75
Paruas Toll, Adalberto José 97-98, 127, 140
Paso Viejo, Camagüey 45
Pawley, William Douglas 62
PBY Catalina 72 anfibio 23
Pedraza, José Eleuterio 68, 74
Pellón Blanco, José M. 53
Pena, Antonio 145
Pena Díaz, Félix Lutgerio . 18, 54, 97-98, 109, 127, 139
Penichet, Señora 31
Penitenciaría de Isla de Pinos 141-144
Peña-Jústiz Arrieta, Carlos.. ...95, 98, 100-101, 103, 106-108, 133-136
Pérez, Florencio A. 94
Pérez, Víctor 50-51
Pérez Alamo, Dunney 74
Pérez Coujil, Leopoldo H. 32, 36-43, 45-49, 54, 159
Pérez Escandón, Luis Evelio . 5, 7, 44
Pérez Serantes, Enrique 75, 125
Pérez-Valdés Montiel, Roberto 94, 102, 115, 119, 123
Perozo Beltrán, Juan 128, 133
Perramón Spencer, Jorge Antonio 5
Perú 62
Pickin' Chicken 87
Pico Turquino 56

177

Piedra, Armando 55
Piedra Negueruela, Orlando ii
Piedra Suárez, Máximo 36
Pieras Bustarviejo, Antonio 94, 102, 118
Piloto, Francisco 94
Pinacho Fernández, Luis 94
Pinar del Río 3, 25, 66, 144-145
Pino, Laureano 57
Pino, Teniente................... 16, 18
Pino del Agua II 97
Pino No. 3...............................35-36
Pino No. 4................................. 36
Pino Valdés, Juan 16
Pintado Pírez, José "Pepín" 20
Piña Martínez, Manuel 86-87
Piñeiro Curnow, Domingo. 30, 32
Piñeiro Losada, Manuel .. 66, 128-130, 133, 154
Piñera Machín, Agustín 16-17, 94, 102
Piper J-3 Cub..................... 3-4, 20
Piper PA-18 Super Cub.. 2, 48, 84
Piper PA-18 Super Cub FAE-21 .. 5-6, 9, 10, 18, 49
Piper PA-20 Pacer.................... 27
Piper PA-23 2
Piper Tri-Pacer 2, 8, 12, 38-39, 41-42, 50-51
Piper Tri-Pacer FAE-27 8
Piper Tri-Pacer FAE-32 6, 10, 15-16, 18, 31, 45-47, 50, 54, 64, 77
Piper Tri-Pacer FAE-33 15
Piper Tri-Pacer FAE-36 . 29, 33, 47-48, 61

Piper Tri-Pacer FAE-3932, 68, 77
Placetas, Las Villas 37
Planas de la Torre, José Raúl.117, 118
Planas Lasso, Nancy 84-85
Playa Girón 19, 45, 67, 79
Playitas, Oriente.......................22
Plaza, Pedrito 33-34
Policía Nacional..........65, 68, 120
Policía Nacional Revolucionaria .... vii, 73, 141
Ponce de León, Edmundo.........14
Portuondo Bello, Augusto95, 107, 133, 136
Prendes Quintana, Álvaro L. 116-117
Prío Socarrás, Carlos.....vi, 42, 57, 78, 90
Prisión Cinco y Medio 145
Prisión de Boniato ... 94, 128-129, 156
Prisión de Melena Dos............146
Prisión de Taco Taco 145
Prisión El Caribe 145
PSP 31
Puebla Viltre, Delsa Esther "Teté" 59, 78
Puente de Lajas, Oriente 21
Puente de Venturita, Oriente 59
Puente del Cautillo, Oriente....135
Puerto Boniato, Oriente 67, 69
Puerto de Moya, Oriente.....21, 59
Puerto Padre, Oriente.................vii
Pujol Soler, José "Pepín"........150
Puig Miyar, Ernesto 141
Pullés Fonseca, Erlinda...........106

Puriales, Oriente 23
Quevedo Pérez, José 12, 49, 68-69
Quevedo Ruiz, Rafael H. 143
Quiala, Juan 87, 88, 91
Quiñones, Emiliana 119
Radio Rebelde 45
Ramírez León, Eladio 118
Ramón de Guaninao, Oriente .. 21
Ramos Otaño, Orlando............ 36
Rancho Boyeros ... 3, 78, 143, 147
Raposo, Benjamín 67
Ray Rivero, Manuel 74
Regimiento de Artillería............ iii
Regimiento de Santa Clara 45, 68
Regimiento Mixto de Tanques... ii
Regimiento No. 1 6, 9, 22, 65, 69, 106
Regimiento No. 2 de Camagüey 46
Regimiento No. 2 de la Guardia Rural 30
Regimiento No. 4 de la Guardia Rural 32
Regimiento No. 6 de la Guardia Rural iii
Regimiento No. 7 de la Guardia Rural 32
Regimiento No. 7 de Artillería 22, 57
Regimiento No. 7 de la Guardia Rural .... iii, 33
Regimiento No. 9 33
Regimiento No. 11 de Holguín ...2
Rego Rubido, José M... 65-66, 68, 71-73, 77, 79
Regueiro Miranda, Ramón..........4

Réplica, semanario................. 116
Residencial bar, Santiago de Cuba 72
Restaurante Ampudia.................2
Restaurante Pan American, Camagüey 42
Rey Moriñas, Claudio............. 116
Reyes, Juan Evangelista.......... 119
Reyes Basulto, Pablo 94
Reyes Pozo, Estelvina............. 119
Reyes Romero, Radamés.......... 66
Reyes Sabinay, Dolores 78
Rico Boué, Teodoro............... 6, 10
Rigal Riera, René R. . 94, 103, 138
Rincón, La Habana 4
Rincón San Lázaro................. 146
Río Cauto 21
Río Jatibonico del Sur ... 40, 45-46
Ríos Montenegro, Juan............. 55
Roca, Eduardo....................... 117
Rodríguez, César................... 147
Rodríguez, Ignacio......................5
Rodríguez, María Luisa 78
Rodríguez, Marylin................ 111
Rodríguez, Osvaldo 36
Rodríguez Ávila, Pedro A. . 24, 62
Rodríguez Calderón, José 62
Rodríguez Carbonell, Juan Gualberto 105
Rodríguez Castillo, Juan Gualberto 36
Rodríguez Castro, Ricardo . 94, 102
Rodríguez Cruz, René............... 74
Rodríguez González, Félix 150
Rodríguez Orcarberro, Manuel. 88

Rodríguez Rodríguez, Edelso 6, 8-10, 26-27, 94, 111
Rodríguez San Pedro, José....... 57
Roig Hardouin, Vicky............. viii
Rojas, Luis.................................5
Rojas Díaz, Manuel................. 66
Rojas Fernández, Leoncio...... 111
Romero de Portuondo, Telma 106
Roque, Luis 50, 52, 64, 71, 77
Rosales, Capitán........... 39, 40, 46
Rosales Bressler, Bruno Evans 104
Rosell Leyva, Florentino E. i, 67-68
Rubí Ibis, Luis 116
Ruiz Hernández, Ramón 84
Rusia.. 31
Sagua Baracoa...........................7
Sagua de Tánamo, Oriente 10, 67, 99, 102, 108-109, 112-115, 117, 124-125, 127, 135
Sagua la Chica, Las Villas iii
Salas, José............................... 96
Salas, Rafael 78
Salazar, William 36
Salgado Campos, Clara.......... 109
San Antonio, Oriente................ 15
San Antonio de los Baños 40
San Antonio de los Baños 2, 4, 40
San Antonio del Sur, Oriente . 15, 51, 99, 111, 125, 135
San Antonio R-2....................... 15
San Antonio, Texas.................. 74
San Benito, Oriente ... 21, 99, 104, 105, 125, 135
San Cristobal, Pinar del Río... 145

San José, Costa Rica................25
San Juan, Puerto Rico vii, 65, 74, 88
San Luis, Oriente . 11, 21, 49-50, 52, 69, 90, 92, 102, 105-106, 119- 120, 125, 135
San Luis, Pinar del Río 1
San Miguel, Camagüey............34
San Pedro del Mar, Oriente 81
Sánchez, Elías 114
Sánchez, Universo 64
Sánchez Manduley, Celia 94
Sánchez Mosquera, Ángel ..30, 84
Sánchez Pérez, Esteban 105
Sánchez Rodríquez, Ernesto ...111
Sánchez Whyte, Calixto ... viii, 25
Sancti Spíritus, Las Villas...........7
Sandino Tres 144
Sansón, Antonio.......................78
Santa Clara 4-5, 8, 53, 68, 93, 143
Santa Cruz del Sur 31, 33, 35
Santa María, Camagüey......38, 43
Santana Expósito, José.............83
Santiago de Compostela España 92
Santiago de Cuba ii, iii, ix, x, 5, 6, 9, 11, 13-14, 18, 21-24, 27-28, 48-57, 59-64, 67-68, 70, 72, 81, 84-86, 90,92-94, 97-100, 106, 108, 127, 129-134, 150
Santiago de las Vegas 26
Santiesteban, Roberto 98
Santo Domingo, República Dominicana..... 6, 8, 32, 63, 70, 131
Sebring, Florida........................46

Secon, Jean 30
Secuestro de norteamericanos .. 29
Segredo Pérez, José Raúl 78-79
Segunda Guerra Mundial . 7, 41, 55, 62, 89
Segundo Frente del Escambray 116
Segundo Frente Oriental "Frank País" 8-9, 21, 55, 80, 97-98
Sekman Aviation 24
Sendra Soler, Martín 110
Sentir Cubano 48
Servicio de Inteligencia Militar (SIM) 32, 39, 57
Servicio de Sanidad Militar 61
Servicio Militar de Emergencia 2, 20
Sevilla, Oriente 85, 92
Sheehan Buick, Miami 57
Siboney, Oriente 67, 92
Sierra Cristal 26
Sierra Maestra iv, v, viii, 5, 24, 26, 44, 55-56, 59, 62-63, 66, 82, ,90, 97-98, 100, 107, 117, 126, 137
Sierra Maestra, periódico 98, 137
Sierra Talavera, Francisco 60, 61, 67, 69
Sikorsky H-19 .. x, 6, 9-10, 26, 32, 43, 69, 77
Smith, Earl E. T. .... v, 62, 68
Soledad, Oriente 7, 64
Solis de León, Sigfrido ... 95, 103-104, 108, 133
Somoano Álvarez, Gustavo ... 94, 113, 115-117, 119

Somodevilla Parra, Santiago Urbano 11, 50, 118-119
Somoza, Anastasio vi
Songo lo Songo, Oriente 21
Sosa, Guillermo 36
Sosa, Luis. 14
Sosa Blanco, Jesús 104
Sosa de Quesada, Arístides 57
Soto Rodríguez, Antonio .84, 107, 118
Soto Vázquez, Antonio 117
Sotolongo, Feliciano 36
Spartan School of Aeronautics . 78
St. Paul, Minnesota 78
Stalin 116
Sturgis, Frank (ver Frank Fiorini)
Suárez, Serafín 33-35, 46
Suárez Esquivel, José Dionisio. 41
Suárez Suquet, Armando .. 29-30, 33, 36, 41-42, 45
Surco, periódico 91-92, 95, 137
T-28 Trojan 150
Tabernilla Dolz, Francisco .. i, iii, 31, 62, 67-68
Tabernilla Palmero, Carlos "Winsy" .. ii, 19, 48-49, 93, 107, 118-119
Tabernilla Palmero, Francisco H. "Silito" .... ii, 19
Tabernilla Palmero, Marcelo 93
Taca, aerolínea 55
Tamayo García, Tomás 112
Tandrón Femenías, José C. 64, 76-77
Terrell State Hospital, Texas 11

Texas.. 90
Tedeka y Colana.................... 1, 85
Tiempos en Cuba...................... 75
Tienda El Arte 90
Tigres de Marianao 28
Tigres de Masferrer 27
Torres Hernández, Agustín 31
Torres Silva, Daisy................. 109
Triana Díaz, Jorge 150
Tribunal de Urgencia 87
Tribunal de Urgencia de Santiago de Cuba............ix, 27, 81, 87-88
Tribunal Revolucionario ... 22, 30, 38, 58, 90, 93, 97, 124, 129-134, 138-139
Trinidad, Las Villas............... 8, 25
Trujillo Medina, Juan.......... 39-40
Trujillo, Rafael .... iii, v, 63, 131
Tucson, Arizona 61
Tulsa, Oklahoma 78
U.S. Navy 21
Unidad Nacional...................... 62
Unión de Reyes, Matanzas....... 28
Unión Soviética............. 5, 12, 90
Universidad de La Habana 74, 144
Universidad de Oriente 99
Urrutia Lleó, Manuel.... ix, 65, 75, 128, 131-133, 137
Valdés Menéndez, Ramiro..... 143
Valdivia Romero, Pedro A ... 7-8, 15-17
Valls Ruiz, Carlos G. 8, 15, 49-50
Valls Tamayo, José F. 85
Varadero 14
Varandela Estévez, Raúl 74, 77-78
Vasallo Concepción, Sixto 94

Vasallo Lima, Pedro 94
Vázquez, Esperanza 97
Vázquez, María....................48
Vázquez Alvarado, Gerardo José. 47- 48
Vázquez Benejam, Miguel 48
Vázquez Mora, Juan 36
Vega Saturnino, Jaime .. 34-35, 46
Vegas de Jibacoa......................75
Venezuela................ vi, 26, 55, 76
Ventura Novo, Esteban .... ii, vii
Vera Serafín, Aldo .... vii, viii, 73, 141
Verdaguer Boan, Guillermo Ramón..
.... 25-26, 78
Verdaguer Boan, Roberto ...25, 78
Verdecia, Pascual...................109
Vianello Alacán, Raúl G... 19, 63-64
Victoria de las Tunas 20, 78
Vietnam 6, 70
Vignau Rabell, Ignacio .ix, 81, 85, 88
Vila, Raúl 7
Villafaña Martínez, Manuel Anastasio.............................79
Villamar Rodríguez, José Reynerio......................... 78-79
Villamil Rodríguez, Rodolfo Cirilo 52, 67
Villamil Rodríguez
Villaviciego, Capitán 55
Viñal Arrieta, Encio.................112
Virgen de Fátima 125
Virgen de la Caridad del Cobre 43

Virgos García, Tirso 92
Viscount 64
Vista Alegre 63- 64
Vivac de Santiago de Cuba. x, 26, 79, 81-87, 90-92, 94, 128
Vuelos de la Libertad 60, 145
Washington D.C .... ii, v, 5, 62
Watergate 90
West Palm Beach, Fla . i, ii, 50, 70
Wiecha, Robert D 23
Yabor Justi, Antonio Michel.. 25, 97-98, 103, 127, 139, 140

Yabur Maluff, Alfredo...128, 133, 137
Yara, Oriente 59
Yateritas 51
Yateritas Aqueduct Company...26
Yerba de Guinea 54
Zafra de los 10 millones 145
Zayas, Alfredo 1
Zumbado Armenteros, Joaquín .. 7

www.ingramcontent.com/pod-product-compliance
Lightning Source LLC
Chambersburg PA
CBHW070057080526
44586CB00013B/1093